Arthur Rimbaud

—

Reliquaire

Léon Genonceaux

éditeur

3, rue Saint-Benoît, Paris

—

Tous droits réservés

Reliquaire

ARTHUR RIMBAUD

Reliquaire

POÉSIES

Préface

de

RODOLPHE DARZENS

PARIS

L. GENONCEAUX, EDITEUR

3, Rue Saint Benoît, 3

1891

Tous droits réservés

SUR

ARTHUR RIMBAUD

—

Sous ce titre : « Enquêtes littéraires » j'aimerais à publier de temps à autres — au hasard de mes bonnes fortunes d'inlassable curieux, — telles ou telles trouvailles, rares plus au moins, mais aptes en tout cas, d'illuminer d'un peu de clarté nouvelle quelques-unes des Personnalités qui, parmi les écrivains de ce siècle mourant, m'attirent et m'intéressent soit qu'elles me plaisent, soit qu'au contraire elles ne me paraissent dignes d'attention, qu'en temps qu'anomalées. Peut-être va-t-on lire que je « documente, » et c'est, tout juste, le cadet de mes soucis : Non ! simplement et pour satisfaire à mon seul besoin, orgueilleux sans doute, d'être renseigné mieux que tout autre sur trois, quatre ou plus de Ceux-là qu'on oublie si on ne les ignore, oui,

*

très simplement, j'ai mis ma patience à découvrir' et à suivre certaines pistes ; au dos de maints feuillets, aux coins de pages nombreuses, j'ai griffonné des lignes sans suite, recueillant de-ci de-là des lettres, quelques proses, un peu de vers, déterminant certaines dates et certains lieux, et gardant le tout au fond d'un tiroir tumultueux destiné à suppléer ma mémoire.

Dans ces moments-là je me semble volontiers un botaniste avide, pour son herbier, de flores rares.

Or, puisque ce fatras desséché n'est pas indifférent, ai-je appris à plusieurs esprits amoureux autant que le mien de choses littéraires, j'ai plaisir aujourd'hui à en laisser respirer la poussière odorante. Et je commencerai par donner quelques-unes de mes recherches sur ce poète bizarre qui, présenté tout jeune à Victor Hugo, fut accueilli par lui avec ces mots : « Shakespeare enfant ! » La légende au moins le dit.

. Grâce à l'ami fidèle que lui demeura Paul Verlaine, Arthur Rimbaud est loin d'être un ignoré ; on sait généralement qu'après s'être fait remarquer de ceux de la génération par ses précoces aptitudes poétiques, il a quitté l'Europe et n'a pas, depuis plusieurs années, donné personnellement signe de vie.

Il vint en effet à Paris — ayant lu déjà bien des littératures : seulement, lassé de toutes, curieux insatiablement de choses nouvelles, il quitta les routes frayées, et, cherchant des rhythmes inconnus, des images irréalisées, des sensations non éprouvées, il s'engagea au hasard dans la vaste Forêt poétique. Mais, de même qu'un aventureur et capricieux voyageur, il s'y est perdu, sans trouver la clairière spacieuse où ses rêves-fées auraient pu, sous la lune magique, cueillir l'ample moisson des fleurs merveilleuses et noter le chant inouï d'oiseaux fabuleux.

Ce jeune homme n'était cependant ni un bohème ni un dilletante, ces deux vocables au son purement littéraire, n'est-ce pas? Car ce que fut sa vie intime importe peu et il n'en faut retenir juste que les détails qui peuvent éveiller sa physionomie au miroir de notre conception. Ce qui est certain, c'est qu'ayant conscience de sa force, il venait pour, avoir sa part dans la lutte littéraire, et s'y conduire en vaillant ; ne sut-il pas, à l'extrémité de cette armée sans cesse décimée, mais que sans cesse aussi renouvellent de nouveaux soldats, faire une trouée victorieuse en tenant son drapeau multicolore et bizarre, assez haut, pour que tous pussent le voir et admirer cette neuve audace que n'effrayait rien ? Rien, pas même le ridicule! car c'en est un, aujourd'hui, d'être un téméraire.

Il n'y a presque rien à dire des tous premiers vers d'Arthur Rimbaud, ceux qu'il rima sans doute en *classe* de rhétorique au collège de Charleville, si ce n'est que ce ne sont plus déjà des vers *classiques* ; il y règne pourtant un souffle de poésie nouvelle et celui qui les a écrits — il pouvait avoir quinze ans alors — a certainement déjà lu relu les Romantiques et s'est pénétré de leur harmonie et de leur mouvement. *Le Forgeron*, par exemple, poème d'environ deux cents vers, se ressent de la lecture d'Hugo, si par contre *Ophélie* se rattache plutôt au mode d'Alfred de Musset, mais l'une et l'autre poésies dans une facture tourmentée et qui, dès lors, s'originalise. Chose bizarre, l'influence de Baudelaire s'y fait moins sentir, et cependant Rimbaud connaît le poète des *Fleurs du Mal*, il en parle dans ses lettres avec enthousiasme : « *le roi des poètes*, UN VRAI DIEU ! » écrit-il.

Dès sa seconde manière, les poésies d'Arthur Rimbaud se subtilisent et se filigranent : ce sont de beaux vers sonores, où chante toute l'âme lyrique de ce précoce Aède, mais où les idées, pourtant soudées par une logique rigou-

reuse l'une à l'autre, sont si ténues parfois que
leur point de raccord nous échappe.

Quant aux dernières productions de ce cer-
veau si étrangement organisé : voici ce qu'en a
dit l'ami et le poète qui fut le compagnon de
presque toutes les heures d'Arthur Rimbaud :
« *Vers délicieusement faux exprès* », et
Arthur Rimbaud lui-même confirme dans une
de ses lettres, le jugement de Paul Verlaine,
afin sans doute de donner par avance un dé-
menti à ses commentateurs futurs qui, charmés
par cette poésie précieuse, ont cru y voir la
rénovation définitive des rhythmes et des rimes
et la tentative réussie de briser toutes les règles
prosodiques établies. Nul doute que cette pen-
sée ait hanté l'esprit d'Arthur Rimbaud ; il en
témoigne souvent lui-même dans ses écrits ;
mais il n'a jamais considéré avoir résolu le pro-
blème. C'est pourquoi ce même Paul Verlaine
qui a souvent des moments de délicieuse ironie
noire, plaisantant parfois certains novateurs
à outrance que les lauriers d'Arthur Rimbaud
n'empêchent pas de veiller : « Ils s'imaginent,
dit-il, avoir créé un vers nouveau ; mais il existe
depuis des siècles, ce vers-là ! Seulement, dans
le temps, nous appelions ça de... *la prose !* »

Or me voilà loin de mes petits papiers et de
mes autographes ; j'y reviens.

Voici :

Je retrouve d'abord en date de fin 1884 :

« Lu les Poètes Maudits : comment diable se fait-il que Paul Verlaine ait si peu, presque rien ! à dire sur Arthur Rimbaud et à citer de lui ? Voir Verlaine ; tâchez d'obtenir quelques indices qui serviraient de point de départ à des recherches sérieuses. »

A quelques jours de distance, une autre notule :

« Allé, par un temps abominable et quelle boue neigeuse, chez P. V. : c'est là-bas, là-bas à la Bastille, rue Moreau, cour Saint-Français, 6, hôtel du Midi : Verlaine est couché, malade, et sa mère le soigne, le gourmande ; la bonne vieille ! Comme j'ai un gros rhume, elle me force à avaler d'énormes morceaux de sucre candi. — J'en ai plein la bouche, je ne puis plus parler, j'étrangle, — je manque d'étouffer ; mais, en partant, j'ai les notes qu'il me faut. »

Qu'on m'excuse de citer ces notes un peu personnelles ; mais elles sont le point de départ de mes efforts, qui, on va le voir, n'ont pas été vains.

Puis toute l'année de 1885 sans rien, rien trouver ! Et alors en mai 1886, une découverte inespérée, ma foi, presque incroyable ; celle de l'unique plaquette publiée par Arthur Rimbaud de la *Saison en Enfer*, « espèce de prodigieuse autobiographie psychologique écrite dans cette prose de diamant qui est sa propriété exclusive », s'exclame Paul Verlaine. La *Saison en Enfer* imprimée à Bruxelles en 1873 par l'Alliance typographique de M.-J. Poot et Cie, 37, rue aux Choux, fut sans doute tirée à un nombre fort restreint d'exemplaires. Arthur Rimbaud d'ailleurs en détruisit, paraît-il, la majeure partie : il ne reste donc de ce rarissime petit volume que mon exemplaire absolument intact, un autre, qui je l'appris plus tard est entre les mains du poète Jean Richepin, et celui que Paul Verlaine conserva longtemps et sur lequel fut faite la réimpression commencée le 13 septembre 1886 dans *la Vogue* ; car je n'avais pu, quittant brusquement la France, faire copier le mien, ainsi que cela m'avait été demandé. (1)

De retour à Paris en 1887, j'y trouve parues

---

(1) Lettre de M. Gustave Kahn, directeur, alors de *La Vogue* :

Mon cher Darzens,

Pouvez-vous me prêter quelque temps la « Saison en Enfer ». — Je voudrais pouvoir la faire copier et reparaître. Si vous n'avez pas de projet dessus, voulez-vous servir mes intérêts ?

Gustave KAHN.

en un volume préfacé, par Paul Verlaine, les *Illuminations* précédemment publiées en cette même *Vogue*. Le manuscrit, en feuilles éparses avait été retrouvé parmi des papiers de famille par Charles de Sivry. Cela me remit en goût de recherches : elles aboutirent heureusement et assez vite, grâce à M. Georges Izambard, à M. Paul Demeny et quelques autres personnes, que je nommerai tout à l'heure, en les remerciant, dès maintenant, au cours de cette notice.

C'est à cette époque qu'il me fut prêté, fort gratuitement d'ailleurs, l'intention de publier une *Etude littéraire* sur Arthur Rimbaud. Une étude ? Même littéraire, à quoi cela eût-il servi ? J'avais bien d'autres choses en tête. Ce qui n'empêcha pas qu'alors il y eut, même ! des protestations, ai-je entendu dire : car ce n'était pas à moi, paraissait-il, de juger l'auteur des *Illuminations* ; l'opinion publique en désignait, en désignait, en réclamait peut-être ? d'autres, plus dignes que moi, profane sans doute, profanateur sûrement ! Je n'étais pas l'Initié qu'il fallait pour cette thuriféraire besogne, mais dans tout cela fut oublié seulement ceci : c'est qu'à mon avis la critique, (je ne cesserai de le répéter) à moins d'être partiale, voire inique, — et alors elle s'appelle pamphlet ou dithyrambe —

st incommensurablement inutile et vaine : bien
plus, la critique moderne, telle que la conçoi-
vent nombre d'esprits intéressants d'ailleurs,
ne paraît une preuve d'intellectuelle stérilité et
dans sa morose dissection des choses vivantes,
la négation même de la JOIE CRÉATRICE. —
Elle est de Gœthe, — l'auteur, tout au moins,
d'un magique chef-d'œuvre, le second Faust —
cette expression terriblement concise où sont
traduites toutes les volontés, et aussi toutes les
inconsciences du véritable artiste.

Mais une chose plus inattendue que ces pro-
testations, ce fut la lettre que je reçus alors de
Paul Verlaine ; en citerais-je quelques lignes ?·
Oui, elles sont typiques :

« *Il n'y a de vers de Rimbaud ni de sa prose,*
« m'écrivait-il, *que ce que j'en ai imprimé et réim-*
« *primé et ce que j'ai en portefeuille. Ceci, j'en*
« *réponds. La seule personne* qui en dehors
« de moi détient contre tout droit d'ailleurs des
« choses de Rimbaud, choses *mentionnées* toute
« prose et vers dans la biographie de Rimbaud
« par moi, publiée tout récemment aux *Hommes*
« *d'aujourd'hui*, est Mme X... qui ne saurait en
« disposer autrement que pour me les rendre
« *(car elles sont une propriété indiscutable)* sans
« se mettre dans un mauvais cas légal, — de

« même que toute personne à laquelle elle au
« rait pu les vendre — vis-à-vis de moi et de l
« famille de Rimbaud, en admettant que celu
« ci soit mort, ce qui n'était pas vrai il n'y
« qu'un an et ne l'est plus que probablemer
« pas. »

N'est-elle pas remarquable, rare surtout, cett
sollicitude d'ami pour le poète absent particu
lièrement à notre époque d'égoïsme inquiet e
de jalousie envieuse, sinon haineuse, parm
la gent littéraire ?

Vite je m'en fus voir le poète alarmé, no
pas cette fois dans sa miraculeuse cour Sain
François, mais plus loin encore, à Mont-Roug
en cet hôpital Broussais tout construit de boi
sur pilotis, pareil aux habitations lacustre:
Je lui apportai mes manuscrits ; il les parcouru
très joyeux et tout ému, admit volontiers, quo
que fort étonné et un peu stupéfait, que ce n'
taient pas ceux qu'il croyait, mais bien d'autre
à lui totalement inconnus pour la plupart ; de
vers et de la prose que cet écervelé d'Arthu
Rimbaud ne lui avait jamais communiqués, le
ayant écrits, les uns au hasard d'une de leu
brouilles, les autres antérieurement à le
liaison. Une lettre de Paul Verlaine, publiée
13 octobre 1888, dans la *Cravache*, à propos c

vers faussement attribués à Arthur Rimbaud constate tout ceci. (1)

De ces manuscrits, deux sonnets ont été extraits par moi pour paraître dans l'*Anthologie* d'A. Lemerre et j'ai donné quelques autres vers à la *Revue Indépendante* N° ... Les autres sont inédits.

Quant aux vers, à la prose et aux lettres, tous manuscrits autographes, ils n'ont pas besoin d'autres commentaires que de brèves lignes indiquant à peu près leur date. Arthur Rimbaud

---

(1)   Paris, le 8 octobre 1888.
     Mon cher Cazals,

Je lis dans le dernier numéro de la *Cravache* votre bonne note au sujet de Rimbaud et je vous remercie. Les pièces que vous énumérez sont en effet, avec celles que possède Rodolphe Darzens et dont deux ont paru dans l'anthologie que publie mon ami Lemerre les seuls vers *publiables* de Rimbaud. Quant aux « sonnets » parus dans le *Décadent*, je déclare qu'ils ne sont pas de ce poète.

A ce propos, il me revient qu'en une conférence toute récente de M. Godin (Eugène), un des sonnets dont je viens de parler fut débité au milieu des rires, légitimes, d'ailleurs, de l'auditoire. Or M. Anatole Baju, directeur du *Décadent* déjà nommé était présent à cette récitation contre laquelle il *eût dû* protester, du moment qu'on attribuait sérieusement à Rimbaud des vers qu'il n'avait point commis.

Autre chose :

M. Godin, paraît-il, m'a décerné le titre de chef de « l'Ecole Décadente » dont, à son avis, M. Anatole Baju serait le sous-chef. Je décline ce double honneur.

A vous cordialement,

PAUL VERLAINE.

travaillait sans doute beaucoup ses poèmes :
existe de telle pièce jusqu'à trois exemplair
avec de nombreuses variantes : par exemp
« Les Effarés », à plus d'un titre célèbres.

Arthur Rimbaud naquit à Charleville le 2
octobre en 1854, ainsi qu'en fait foi l'acte
naissance ici noté (1) extrait des registres
l'état-civil de la petite cité ardennaise. Il ava
un frère aîné (Jean-Nicolas-Frédéric) né le
novembre 1853, et deux sœurs (Jeanne-Rosali

---

20 octobre 1854   (1)

——•——

NAISSANCE

de

JEAN - NICOLAS - ARTHUR

RIMBAUD

——•*•——

Timbre

EXTRAIT

des Registres de l'Etat Civil

DE LA VILLE DE CHARLEVILLE

L'an mil huit cent cinquante-quatre, le vingt
mois d'Octobre, à cinq heures du soir, devant N
François-Dominique-Eugène La Marle, Adjoi
remplissant par délégation les fonctions d'Offic
de l'Etat civil de la ville de Charleville, deuxiè
arrondissement du département des Ardennes
comparu Jean-Nicolas Cuif, âgé de cinquante-
ans, rentier, domicilié à Charleville, lequel nou
déclaré que MARIE-CATHERINE-VITALIE CUIF, â
de vingt-neuf ans, sans profession, épouse
FRÉDÉRIC RIMBAUD, âgé de quarante ans, ca
taine d'Infanterie au quarante-septième de lig
en garnison à Lyon, y domicilié, est accouchée,
cette ville, aujourd'hui vingt du présent mois
six heures du matin, dans la maison de Jean-Ni
las Cuif, susnommé, rue Napoléon, quartier No
Dame, d'un enfant du sexe masculin, qu'il nou
présenté et auquel il a donné les prénoms

Vitalie) née le 15 juin 1858), (Frédérique-Marie-
Isabelle) née le 1er juin 1860, l'une et l'autre
plus jeunes que lui. Ces divers renseignements
me furent très obligeamment adressés sur ma
demande par M. E. Joye, maire de Charleville.
Il ajoutait ne pouvoir m'en fournir d'autres, la
famille Rimbaud ayant depuis de nombreuses
années quitté Charleville, sans laisser d'adresse.
Mais en marge il m'écrivait que « M. Delahaye,
employé au ministère de l'instruction publique
(enseignement supérieur) pourrait peut-être me
donner quelques indications sur le domicile
actuel des membres de la famille Rimbaud ». (1)

Vu par NOUS, Léon Royer, juge au Tribunal civil de Charleville, agissant pour le Président empêché pour légalisation de la signature de M. E. Joye, maire de Charleville.

JEAN-NICOLAS-ARTHUR. Lesquelles déclaration et présentation faites en présence de Prosper Letellier, âgé de cinquante-six ans, libraire, et Jean-Baptiste Hémery, âgé de trente-neuf ans, employé de la Mairie, domiciliés à Charleville. Et après que nous leur avons donné lecture du présent acte, les comparant et témoins susdits l'ont signé avec nous.

Suivent les signatures.

Timbre

Pour extrait conforme :

Charleville, le 24 Juillet 1889.

LE MAIRE : E. JOYE.

(1) J'ai vu M. Delahaye, et je lui dois en effet de très précieux détails bibliographiques : je ne saurais trop l'en remercier ici.

Qu'était le père d'Arthur Rimbaud ? Il n
m'a été adressé aucune note à ce sujet. Je sai
que sa mère fut veuve de très bonne heure e
qu'il entra assez tôt, ainsi que son frère, a
lycée de Charleville. M. E. Couvreur, proviseu
actuel, m'indique en une très aimable lettre
que l'aîné, Frédéric, se trouve au palmarès dè
1866 : le nom d'Arthur n'y figure pour la pre
mière fois que l'année suivante, et il était alor
en quatrième. En 1868 il est plusieurs foi
nommé ; en 1869, en seconde, il remporte pres
que tous les premiers prix et un premier pri
de vers latins ainsi que le 3ᵉ accessit de versio
grecque au Concours Académique. Enfin e
1870, en rhétorique où il a de même presqu
tous les premiers prix, et remporte à nouvea
aussi le premier prix de vers latins au Concour
Académique. Il ne devait pas faire sa philoso
phie et interrompit volontairement ses étude
sans passer son baccalauréat, et quitta alor
Charleville pour se rendre à Paris. Singulièr
fatalité pour un chercheur ! Le collège d
Charleville a été malheureusement détruit pa
un incendie en 1876 et tous les registres adm
nistratifs ont péri dans le désastre : il n'est rie
resté en particulier des archives. Au moir
pouvais-je espérer retrouver le texte des deu

ompositions qui avaient valu à Arthur Rimbaud
es deux premiers prix au Concours Académi-
que : des vers latins de celui qui devait faire
le si curieux vers français, quelle aubaine ! Là
encore mon espoir fut déçu, en effet, lors du
transfert des archives de l'Académie à Lille,
es quelques séries de la collection des Concours
Académiques qui restaient furent jetées aux
vieux papiers : c'est du moins ce qu'il ressort
d'une lettre que M. P. Dauthuile secrétaire...
adressa à ce sujet à M. Lenel, (aujourd'hui pro-
esseur à ce lycée d'Amiens) et qui en 1868 dé-
butait dans le professorat à Charleville en classe
de quatrième, alors qu'Arthur Rimbaud entrait
en troisième. Mais M. Lenel qui m'adresse de
ongues et précieuses lettres à son sujet, enten-
dit longuement parler du jeune élève, *l'un des
plus brillants du collège.* C'est ainsi que je puis
donner le titre au moins du sujet du concours
de 1869 ; c'était ce seul mot : « Jugurtha »
Arthur Rimbaud y vit une allusion à Abd-el-
Kader, alors dans toute sa gloire, et fit des
vers, paraît-il, réellement étonnants.

Le sujet de l'autre concours fut « Sancho
Pança à son âne. »

Mais de cette époque j'ai eu grâce à l'exquise
amitié de Georges Izambard dont, coïncidence

bizarre, le frère était un ami de mon père e
Rossi, alors que lui-même était professeur
Charleville en classe de rhétorique à l'époqu
même où Rimbaud y était. Le jeune poëte fu
donc son élève. C'était un indiscipliné de pre
mier ordre : révolutionnaire, athée, les élève
religieux le détestaient en classe et il le leur rer
dait.

La classe se composait en effet d'une ving
taine d'élèves dont quatorze appartenaient a
séminaire. Arthur Rimbaud qui les scandalisa
par ses gros mots, était du reste plus fort e
toutes branches sauf en sciences, et il s'amu
sait, pendant les compositions, à aider ses ca
marades afin de leur faire avoir des place
meilleures. Un jour, un séminariste le dénonce
Izambard intervient, mais Arthur Rimbau
silencieux et le regard méchant a jeté son di
tionnaire à la tête du séminariste (un nomm
Henri ?) N'est-ce pas déjà une répétition d
coup qu'il devait porter plus tard à Carjat ? I
professeur était d'ailleurs presqu'un camarad
pour l'élève : il lui prêtait des livres, et George
Izambard se souvient même qu'ayant prêté s
Notre-Dame-de-Paris illustrée de Victor Hug
la lui fit rendre avec une lettre insolente
s'en fut se plaindre au principal, M. De
douets.

Cependant, pendant les vacances qui suivirent Rimbaud vint passer quelques jours chez lui : il se conduisait en vrai voyou inconscient et Izambard dut même le ramener à sa mère qui à ce moment sembla connaître déjà les vices que son fils avait. Mais Izambard quitta Charleville pour Douai et là il reçoit (le 5 ou le 6 septembre 1870) une lettre d'Arthur Rimbaud datée de Paris, Mazas ! Que s'était-il passé ? Arthur Rimbaud avait fait quelque temps auparavant à Charleville, la connaissance de Paul Verlaine qui y était de passage, par l'intermédiaire d'un employé aux contributions de Charleville qu'on nommait et surnommait le Père Bretagne : Le Père Bretagne se disait « artiste ». — Il dessinait à ses heures ; mais sa passion favorite était l'alto. L'alto ! il en jouait partout et sans cesse, principalement aux nuits de débauche — mensuelles, comme les appointements — lorsque toute *l'administration* allait en chœur au... bordel de la ville.

Alors, grave, comme remplissant un sacerdoce, le père Bretagne marchait en tête, l'alto au menton, l'archet fébrile en main, et menait la bande, semblable aux violoneux des jours de noce.

Mais Verlaine était parti pour Paris et le

**

jeune Rimbaud s'étant mis en tête de l'y
rejoindre avait pris un beau matin, le train pour
la capitale n'ayant faute d'argent qu'un billet
jusqu'à la première station après Charleville.
Et il arrivait sans papiers, sans argent à Paris
juste le matin du 4 septembre ! On l'envoya au
Dépôt, de là à Mazas, où il évoqua le nom de
son professeur Izambard.

On lui permit de lui écrire et Izambard
adressa l'argent pour le retour. Rimbaud arriva
à Lille. Dans l'intervalle, Izambard avait écrit
à sa mère, mais elle avait répondu insolemment.
Il s'adressa donc au commissaire de police, qui
lui conseilla de ramener lui-même son peu
docile élève. Ce qu'il fit, après le siège de
Mézières et l'incendie de cette ville. Mais les
Allemands étaient à Charleville : Izambard
avait caché ses livres dans sa cave et devait
rentrer à Douai en passant par la Belgique.
Mme Rimbaud, acariâtre et dure, une femme
sèche et osseuse et dérobe envers son fils, d'ail-
leurs toujours hargneux, rageur, furieux, doux
et aimant avec sa sœur seulement. Rimbaud
savait l'itinéraire que devait prendre Izambard
(Charleroi, Bruxelles, où il allait voir Paul
Demay, le futur directeur de la *Jeune France*,
puis Mons et Valenciennes) et voici qu'avant

même son départ, Izambard reçoit une lettre de
Mme Rimbaud, elle réclame son fils qui vient
de disparaître une seconde fois. En arrivant à
Charleroi chez un ami, rédacteur d'un journal
de Charleroi, parent d'Emmanuel Dessenurs et
portant le même nom, Izambard apprend que
Rimbaud est passé venant à pied de Charle-
ville (voir ses vers) et s'arrêtant à Fumay dans
la vallée de la Meuse chez un ami, tenant devant
sa fille des propos tellement irréligieux qu'il
l'avait fait partir. Arrivé à Bruxelles, il apprend
que Rimbaud y a passé aussi et qu'il a été très
bien reçu. Izambard se dépêche, regagne
Douai, y trouve son élève installé à faire d'ar-
rache-pied des vers enfermé dans une chambre,
La Vénus Anadyomène, le Forgeron sont de
cette date.

....

Au deuxième voyage qu'il fit, Arthur Rim-
baud s'en fut trouver Gill, le caricaturiste : Il
tomba chez lui un matin, trouva l'artiste couché,
le réveilla, lui dit qu'il le connaissait, et, en
manière de présentation affirma qu'il était un
grand poëte. Il habita avec Charles Cros, avec
J.-L. Forain (il se brouilla avec ce dernier un
jour ou plutôt une nuit qu'il refusa au dessina-
teur de lui ouvrir) ; dans une chambre que

Théodore de Banville et sa femme qu'il charme ainsi que Victor Hugo qui l'a accueilli par ces deux mots : Shakespeare enfant ! lui louent et meublent à son intention : le cas qu'il en fait ?

Le premier soir qu'il y rentra, il se coucha tout habillé, les pieds crottés, *dans les draps !* Le lendemain, il prit plaisir à briser la porcelaine, pot à eau, cuvette et vase de nuit et fort peu après, ayant besoin d'argent, vendit les meubles.

C'était un être véritablement insociable. Une anecdote entre mille, qui m'a été racontée de différents côtés et qui a failli coûter la vie à cet excellent Carjat.

C'était au dîner du bon Bock, au dessert. On récitait des vers. Pendant que Jean Ricard lisait une poésie, Arthur Rimbaud à mi-voix ne cessait de scander : « Merde, merde, merde ! » Ernest d'Hervilly veut s'interposer : « Voyons, mon petit, taisez-vous. » Arthur Rimbaud traité de « mon petit » se met en fureur ; il crie : « Ferme ton con, d'Hervilly. » Alors Carjat le prend par les épaules et le met à la porte. Rimbaud reste dans l'antichambre, et à la sortie, sans dire un mot, comme un filou se précipite sur lui, une canne à épée à la main et le blesse au ventre.

Henri Mercier, le fondateur de cette belle Revue qui n'eut, hélas ! que trois numéros (la *Revue du Monde Nouveau*), le rencontra chez Antoine Cros, alors qu'il demeurait avec le frère de celui-ci. On le lui présenta ; mais toute la soirée il resta sombre et sauvage en un coin. Quelques jours après il venait le voir, apportant quatre articles pour le *Figaro*, alors rue Rossini, entr'autres : les *Nuits blanches*, le *Bureau des Cocardiers*. Mais il est vêtu trop misérablement pour se présenter chez un rédacteur en chef d'un journal comme le *Figaro*. Mercier, en fonds, propose de le mener chez un tailleur et lui donner quelque argent. Arthur Rimbaud s'en fut tout droit au Carreau du Temple et choisit un complet bleu à collet de velours. C'était à ce moment un grand garçon maigre, aux grosses mains gourdes, aux doigts épais et rouges de paysan. Le même soir, c'était la première de la *Boîte de Pandore*, par Théodore Barrière, aux Folies-Dramatiques. Aux entr'actes, Arthur Rimbaud achète une pipe de terre blanche et Mercier le voit s'approcher de façon à n'être pas vu d'un cheval de fiacre, prenant plaisir à souffler dans les naseaux de la pauvre bête.

C'était donc véritablement un plaisir chez lui

que la cruauté. Il ne l'était pas, paraît-il, par
pose seulement quoiqu'il affirmât souvent : « Il
est important de tuer Cabaner ! » mais une
nature véritablement et profondément méchante.

. . . .

Ce fut avec Verlaine qu'il quitta Paris, pour
aller d'abord en Angleterre, puis à Bruxelles,
en 1871, et de là à Mons où eut lieu un petit
drame.

Alors Rimbaud retourne seul à Roche où sa
mère s'était fixée — puis il part pour l'Angle-
terre où il est deux ans *professeur*, voit et fré-
quente Vermesch. D'Angleterre il passe en
Allemagne, à Stuttgard, pour y apprendre l'al-
lemand — il y reste cinq ou six mois et Ver-
laine vint l'y retrouver — sa mère lui *avait
donné de l'argent pour y rester*. Mais il émigre
sur Milan, manque de *périr en* franchissant *à
pied* le Saint-Gothard. A Milan, son séjour n'est
que de un ou deux mois. — Il veut rejoindre un
de ses amis (Mercier) dans une île de l'Archipel.
— Il a le projet d'aller à pied jusqu'à Brindisi
pour rejoindre Warna. Il tomba d'insolation à
Livourne où le consul français le fait rapatrier
sur Marseille — 1875. C'est là qu'il s'engagea
dans un comité carliste d'insurrection établi sur
les côtes, reçut de l'argent, mais revint à Char-

leville c'est pour faire son service militaire.
Mais il a un frère aîné sous les drapeaux et est
exempté. En conséquence, un court voyage à
Bruxelles et retour — en 76 il part pour la Hol-
lande, à Helder, et s'engage volontaire dans
l'armée hollandaise ; il est embarqué sur navire
en partance pour Sumatra où il sert comme
soldat. Revenu sur un bâtiment anglais, il faillit
sombrer en face le cap de Bonne-Espérance. Il
traversa l'Angleterre pour rentrer à Charleville
(1877).

Il reprit vite le cours de ses voyages et partit
pour l'Autriche, à Vienne — sa mère lui donna
l'argent de ce voyage — seulement il se fit déva-
liser étant saoûl par un cocher viennois qui le
laissa dépouillé (1877) dans la rue. — Le voilà
de retour à Charleville d'où il repart en Hol-
lande où il se fait racoleur, à son tour, pour le
compte de l'armée. Ayant gagné quelqu'argent,
il va à Hambourg, en Allemagne, et de là à
Copenhague et à Stokholm, où il fut employé
au contrôle, sachant beaucoup de langues, du
cirque *Loisset*, qu'on a vu à Paris, dont l'une
des filles s'est tuée aux exercices, dont une
autre épousa un prince de *Reuss*.

Vers 1878, il est à Alexandrie, en Egypte,
puis à Chypre où il exploite en chef *une car-*

rièer (les Anglais viennent d'acquérir l'île), de 1878 à 1879. — A ce moment, retour à Roche où Delahaye le voit ; vers janvier 1880, Delahaye écrivit à sa mère qui répondit que son fils était reparti et devait être à Harar, cap de Guardafui, sud du détroit de Bab-el-Mandeb, entre l'Abyssinie et le pays des Somalis.

RODOLPHE DARZENS.

LES REPARTIES DE NINA

. . . .

LUI. — Ta poitrine sur ma poitrine,
    Hein ? nous irions,
Ayant de l'air plein la narine,
    Aux frais rayons

Du bon matin bleu qui vous baigne
    Du vin de jour ?...
Quand tout le bois frissonnant saigne
    Muet d'amour

De chaque branche, gouttes vertes,
    Des bourgeons clairs,
On sent dans les choses ouvertes
    Frémir des chairs :

Tu plongerais dans la luzerne
Ton blanc peignoir,
Rosant à l'air ce bleu qui cerne
Ton grand œil noir,

Amoureuse de la campagne,
Semant partout,
Comme une mousse de champagne,
Ton rire fou :

Riant à moi, brutal d'ivresse,
Qui te prendrais
Comme cela, — la belle tresse,
Oh ! — qui boirais

Ton goût de framboise et de fraise,
O chair de fleur !
Riant au vent vif qui te baise
Comme un voleur ;

Au rose églantier qui s'embête
Aimablement :
Riant surtout, ô folle tête,
A ton amant !...

. . . . . , ... : . . . .

Ta poitrine sur ma poitrine
    Mêlant nos voix,
Lents, nous gagnerions la ravine,
    Puis les grands bois !...

Puis, comme une petite morte,
    Le cœur pâmé,
Tu me dirais que je te porte,
    L'œil mi fermé...

Je te porterais, palpitante,
    Dans le sentier :
L'oiseau filerait son andante :
    Au noisetier...

Je te parlerais dans ta bouche :
    J'irais, pressant
Ton corps, comme une enfant qu'on couche,
    Ivre du sang

Qui coule, bleu, sous ta peau blanche
    Aux tons rosés :
Et te parlant la langue franche...
    Tiens !... — que tu sais...

Nos grands bois sentiraient la sève
Et le soleil
Sablerait d'or fin leur grand rêve
Vert et vermeil

. . . .

Le soir ?... Nous reprendrons la route
Blanche qui court
Flânant, comme un troupeau qui broute,
Tout à l'entour

Les bons vergers à l'herbe bleue
Aux pommiers tors !
Comme on les sent tout une lieue,
Leurs parfums forts !

Nous regagnerons le village
Au ciel mi-noir ;
Et ça sentira le laitage
Dans l'air du soir ;

Ça sentira l'étable, pleine
De fumiers chauds,
Pleine d'un lent rhythme d'haleine,
Et de grands dos

Blanchissant sous quelque lumière ;
Et, tout là-bas,
Une vache fientera, fière,
A chaque pas...

— Les lunettes de la grand'mère
Et son nez long
Dans son missel : le pot de bière
Cerclé de plomb,

Moussant entre les larges pipes
Qui, crânement,
Fument : les effroyables lippes
Qui, tout fumant,

Happent le jambon aux fourchettes
Tant, tant et plus :
Le feu qui claire les couchettes
Et les bahuts :

Les fesses luisantes et grasses
D'un gros enfant
Qui fourre, à genoux, dans les tasses,
Son museau blanc

RELIQUAIRE

Frolé par un mufle qui gronde
D'un ton gentil,
Et pourlèche la face ronde
Du cher petit...

. . . .

Que de choses verrons-nous, chère,
Dans ces taudis,
Quand la flamme illumine, claire,
Les carreaux gris !...

— Puis, petite et toute nichée
Dans les lilas
Noirs et frais : la vitre cachée,
Qui rit là-bas...

Tu viendras, tu viendras, je t'aime !
Ce sera beau.
Tu viendras, n'est-ce pas, et même...
Elle. —   Et mon bureau ?

VÉNUS ANADYOMÈNE

Comme d'un cercueil vert en fer blanc, une tête
De femme à cheveux bruns fortement pommadés
D'une vieille baignoire émerge, lente et bête,
Avec des déficits assez mal ravaudés ;

Puis le col gras et gris, les larges omoplates
Qui saillent ; le dos court qui rentre et qui ressort :
Puis les rondeurs des reins semblent prendre l'essor ;
La graisse sous la peau paraît en feuilles plates :

L'échine est un peu rouge, et le tout sent un goût
Horrible étrangement ; on remarque surtout
Des singularités qu'il faut voir à la loupe...

Les reins portent deux mots : *Clara Vénus* ;
— Et tout ce corps remue et tend sa large croupe
Belle hideusement d'un ulcère à l'anus.

Morts de quatre-vingt-douze et de quatre-vingt-treize,
Qui, pâles du baiser fort de la liberté,
Calmes, sous vos sabots, brisiez le joug qui pèse
Sur l'âme et sur le front de toute humanité ;

Hommes extasiés et grands dans la tourmente,
Vous dont les cœurs sautaient d'amour sous les haillons,
O soldats que la Mort a semés, noble Amante,
Pour les régénérer, dans tous les vieux sillons ;

RELIQUAIRE

Vous dont le sang lavait toute grandeur salie,
Morts de Valmy, Morts de Fleurus, Morts d'Italie,
O Million de Christs aux yeux sombres et doux ;

Nous vous laissions dormir avec la République,
Nous, courbés sous les rois comme sous une trique :
— Messieurs de Cassagnac nous reparlent de vous !

Fait à Mazas, 3 Septembre 1870.

Première Soirée

« — Elle était fort déshabillée
Et de grands arbres indiscrets
Aux vitres jetaient leur feuillée
Malinement, tout près, tout près.

Assise sur ma grande chaise,
Mi-nue elle joignait les mains.
Sur le plancher frissonnaient d'aise
Ses petits pieds si fins, si fins.

— Je regardai, couleur de cire
Un petit rayon buissonnier
Papillonner dans son sourire
Et sur son sein ; mouche au rosier.

— Je baisai ses fines chevilles.
Elle eut un doux rire brutal
Qui s'égrenait en claires trilles,
Un joli rire de cristal.

Les petits pieds sous la chemise
Se sauvèrent : « Veux-tu finir ! »
— La première audace permise,
Le rire feignait de punir !

— Pauvrets palpitants sous ma lèvre,
Je baisai doucement ses yeux :
— Elle jeta sa tête mièvre
En arrière : « Oh ! c'est encor mieux !...

« Monsieur, j'ai deux mots à te dire...
— Je lui jetai le reste au sein
Dans un baiser, qui la fit rire
D'un bon rire qui voulait bien...

Elle était fort déshabillée
Et de grands arbres indiscrets
Aux vitres jetaient leur feuillée
Malinement, tout près, tout près.

SENSATION

Par les soirs bleus d'été, j'irai dans les sentiers,
Picoté par les blés, fouler l'herbe menue :
Rêveur, j'en sentirai la fraîcheur à mes pieds.
Je laisserai le vent baigner ma tête nue.

Je ne parlerai pas, je ne penserai rien :
Mais l'amour infini me montera dans l'âme,
Et j'irai loin, bien loin, comme un bohémien,
Par la Nature, — heureux comme avec une femme,

Mars 1870.

BAL DES PENDUS

Au gibet noir, manchot aimable,
Dansent, dansent les paladins,
Les maigres paladins du diable,
Les squelettes de Saladins.

Messire Belzebuth tire par la cravate
Ses petits pantins noirs grimaçant sur le ciel,
Et, leur claquant au front un revers de savate,
Les fait danser, danser aux sons d'un vieux Noël !

Et les pantins choqués enlacent leurs bras grêles :
Comme des orgues noirs, les poitrines à jour
Que serraient autrefois les gentes damoiselles,
Se heurtent longuement dans un hideux amour.

RELIQUAIRE

Hurrah ! les gais danseurs, qui n'avez plus de panse !
On peut cabrioler, les tréteaux sont si longs !
Hop ! qu'on ne sache plus si c'est bataille ou danse !
Belzebuth enragé râcle ses violons !

O durs talons, jamais on n'use sa sandale !
Presque tous ont quitté la chemise de peau :
Le reste est peu gênant et se voit sans scandale.
Sur les crânes, la neige applique un blanc chapeau :

Le corbeau fait panache à ces têtes fêlées,
Un morceau de chair tremble à leur maigre menton :
On dirait, tournoyant dans les sombres mêlées,
Des preux, raides, heurtant armures de carton.

Hurrah ! la bise siffle au grand bal des squelettes !
Le gibet noir mugit comme un orgue de fer !
Les loups vont répondant des forêts violettes :
A l'horizon, le ciel est d'un rouge d'enfer...

Holà, secouez-moi ces capitans funèbres
Qui défilent, sournois, de leurs gros doigts cassés
Un chapelet d'amour sur leurs pâles vertèbres :
Ce n'est pas un moustier ici, les trépassés !

Oh ! voilà qu'au milieu de la danse macabre
Bondit dans le ciel rouge un grand squelette fou
Emporté par l'élan, comme un cheval se cabre :
Et, se sentant encor la corde raide au cou,

Crispe ses petits doigts sur son fémur qui craque
Avec des cris pareils à des ricanements,
Et, comme un baladin rentre dans la baraque,
Rebondit dans le bal au chant des ossements.

Au gibet noir, manchot aimable,
Dansent, dansent les paladins,
Les maigres paladins du diable,
Les squelettes de Saladins.

LES EFFARÉS

Noirs dans la neige et dans la brume,
Au grand soupirail qui s'allume,
    Leurs culs en rond,

A genoux, cinq petits, — misère ! —
Regardent le boulanger faire
    Le lourd pain blond...

Ils voient le fort bras blanc qui tourne
La pâte grise, et qui l'enfourne
    Dans un trou clair.

Ils écoutent le bon pain cuire.
Le boulanger au gras sourire
    Chante un vieil air.

Ils sont blottis, pas un ne bouge,
Au souffle du soupirail rouge,
    Chaud comme un sein.

Et quand, pendant que minuit sonne,
Façonné, pétillant et jaune,
    On sort le pain ;

Quand, sous les poutres enfumées,
Chantent les croûtes parfumées,
    Et les grillons ;

Que ce trou chaud souffle la vie ;
Ils ont leur âme si ravie
    Sous leurs haillons,

Ils se ressentent si bien vivre,
Les pauvres petits pleins de givre !
    — Qu'ils sont là, tous,

Collant leurs petits museaux roses
Au grillage, chantant des choses,
    Entre les trous,

Mais bien bas, — comme une prière...
Repliés vers cette lumière
    Du ciel rouvert,

— Si fort, qu'ils crèvent leur culotte,
— Et que leur lange blanc tremblotte
    Au vent d'hiver...

20 Septembre 1870.

ROMAN

I

On n'est pas sérieux, quand on a dix-sept ans.
— Un beau soir, foin des bocks et de la limonade,
Des cafés tapageurs aux lustres éclatants !
— On va sous les tilleuls verts de la promenade.

Les tilleuls sentent bon dans les bons soirs de juin !
L'air est parfois si doux, qu'on ferme la paupière ;
Le vent chargé de bruits, — la ville n'est pas loin, —
A des parfums de vigne et des parfums de bière...

II

— Voilà qu'on aperçoit un tout petit chiffon
D'azur sombre, encadré d'une petite branche,
Piqué d'une mauvaise étoile, qui se fond
Avec de doux frissons, petite et toute blanche...

Nuit de juin ! Dix-sept ans ! — On se laisse griser.
La sève est du champagne et vous monte à la tête...
On divague ; on se sent aux lèvres un baiser
Qui palpite là, comme une petite bête...

III

Le cœur fou Robinsonne à travers les romans,
— Lorsque, dans la clarté d'un pâle réverbère,
Passe une demoiselle aux petits airs charmants,
Sous l'ombre du faux-col effrayant de son père...

Et, comme elle vous trouve immensément naïf,
Tout en faisant trotter ses petites bottines,
Elle se tourne, alerte et d'un mouvement vif...
— Sur vos lèvres alors meurent les cavatines...

IV

Vous êtes amoureux. Loué jusqu'au mois d'août.
Vous êtes amoureux. — Vos sonnets La font rire.
Tous vos amis s'en vont, vous êtes mauvais goût.
— Puis l'adorée, un soir, a daigné vous écrire...!

— Ce soir-là,... — vous rentrez aux cafés éclatants,
Vous demandez des bocks ou de la limonade...
— On n'est pas sérieux, quand on a dix-sept ans
Et qu'on a des tilleuls verts sur la promenade.

23 Septembre 1870.

RAGES DE CÉSARS

L'Homme pâle, le long des pelouses fleuries,
Chemine, en habit noir, et le cigare aux dents :
L'Homme pâle repense aux fleurs des Tuileries
— Et parfois son œil terne a des regards ardents...

Car l'Empereur est soûl de ses vingt ans d'orgie !
Il s'était dit : « Je vais souffler la Liberté
Bien délicatement, ainsi qu'une bougie ! »
La Liberté revit ! Il se sent éreinté !

Il est pris. — Oh! quel nom sur ses lèvres muettes
Tressaille ? Quel regret incapable le mord ?
On ne le saura pas. L'Empereur a l'œil mort.

Il repense peut-être au Compère en lunettes...
— Et regarde filer de son cigare en feu,
Comme aux soirs de Saint-Cloud, un fin nuage bleu.

Le Mal

Tandis que les crachats rouges de la mitraille
Sifflent tout le jour par l'infini du ciel bleu ;
Qu'écarlates ou verts, près du Roi qui les raille,
Croulent les bataillons en masse dans le feu ;

Tandis qu'une folie épouvantable, broie
Et fait de cent milliers d'hommes un tas fumant ;
— Pauvres morts ! dans l'été, dans l'herbe, dans ta joie,
Nature ! ô toi qui fis ces hommes saintement !... —

RELIQUAIRE

— Il est un Dieu, qui rit aux nappes damassées
Des autels, à l'encens, aux grands calices d'or ;
Qui dans le bercement des hosannah s'endort,

Et se réveille, quand des mères, ramassées
Dans l'angoisse, et pleurant sous leur vieux bonnet noir,
Lui donnent un gros sou lié dans leur mouchoir !

Ophélie

I

Sur l'onde calme et noire où dorment les étoiles,
La blanche Ophélia flotte comme un grand lys,
Flotte très lentement, couchée en ses longs voiles...
— On entend dans les bois lointains des hallalis.

Voici plus de de mille ans que la triste Ophélie
Passe, fantôme blanc, sur le long fleuve noir ;
Voici plus de mille ans que sa douce folie
Murmure sa romance à la brise du soir.

Le vent baise ses seins et déploie en corolle
Ses grands voiles bercés mollement par les eaux ;
Les saules frissonnants pleurent sur son épaule,
Sur son grand front rêveur s'inclinent les roseaux.

Les nénuphars froissés soupirent autour d'elle ;
Elle éveille parfois, dans un aune qui dort,
Quelque nid, d'où s'échappe un petit frisson d'aile :
— Un chant mystérieux tombe des astres d'or.

II

O pâle Ophélia ! belle comme la neige !
Oui tu mourus, enfant, par un fleuve emporté !
— C'est que les vents tombant des grands monts de Norwège
T'avaient parlé tout bas de l'âpre liberté ;

C'est qu'un souffle, tordant ta grande chevelure,
A ton esprit rêveur portait d'étranges bruits ;
Que ton cœur écoutait le chant de la Nature
Dans les plaintes de l'arbre et les soupirs des nuits ;

C'est que la voix des mers folles, immense râle,
Brisait ton sein d'enfant, trop humain et trop doux ;
C'est qu'un matin d'avril, un beau cavalier pâle,
Un pauvre fou, s'assit muet à tes genoux !

Ciel ! Amour ! Liberté ! Quel rêve, ô pauvre Folle !
Tu te fondais à lui comme une neige au feu :
Tes grandes visions étranglaient ta parole
— Et l'Infini terrible effara ton œil bleu !

III

— Et le Poète dit qu'aux rayons des étoiles
Tu viens chercher, la nuit, les fleurs que tu cueillis ;
Et qu'il a vu sur l'eau, couchée en ses longs voiles,
La blanche Ophélia flotter, comme un grand lys.

Le Chatiment de Tartufe

Tisonnant, tisonnant son cœur amoureux sous
Sa chaste robe noire, heureux, la main gantée,
Un jour qu'il s'en allait, effroyablement doux,
Jaune, bavant la foi de sa bouche édentée,

Un jour qu'il s'en allait, « Orémus », — un Méchant
Le prit rudement par son oreille benoite
Et lui jeta des mots affreux, en arrachant
Sa chaste robe noire autour de sa peau moite !

Châtiment !... Ses habits étaient déboutonnés,
Et le long chapelet des péchés pardonnés
S'égrenant dans son cœur, Saint Tartufe était pâle !...

Donc, il se confessait, priait, avec un râle !
L'homme se contenta d'emporter ses rabats...
— Peuh ! Tartufe était nu du haut jusques en bas !

A la Musique

Place de la Gare, à Charleville.

Sur la place taillée en mesquines pelouses,
Square où tout est correct, les arbres et les fleurs,
Tous les bourgeois poussifs qu'étranglent les chaleurs
Portent, les jeudis soirs, leurs bêtises jalouses.

— L'orchestre militaire, au milieu du jardin,
Balance ses schakos dans la Valse des fifres :
— Autour, aux premiers rangs, parade le gandin ;
Le notaire pend à ses breloques à chiffres :

Des rentiers à lorgnons soulignent tous les couacs ;
Les gros bureaux bouffis traînent leurs grosses dames
Auprès desquelles sont, officieux cornacs,
Celles dont les volants ont des airs de réclames ;

Sur les bancs verts, des clubs d'épiciers retraités
Qui tisonnent le sable avec leur canne à pomme,
Fort sérieusement discutent les traités,
Puis prisent en argent, et reprennent : « En somme !... »

Epatant sur son banc les rondeurs de ses reins,
Un bourgeois à boutons clairs, bedaine flamande,
Savoure son onnaing d'où le tabac par brins
Déborde — vous savez, c'est de la contrebande ; —

Le long des gazons verts ricanent les voyous ;
Et, rendus amoureux par le chant des trombones,
Très naïfs, et fumant des roses, les pioupious
Caressent les bébés pour enjôler les bonnes...

— Moi, je suis, débraillé comme un étudiant,
Sous les marronniers verts, les alertes fillettes :
Elles le savent bien, et tournent en riant,
Vers moi, leurs yeux tout pleins de choses indiscrètes.

RELIQUAIRE

Je ne dis pas un mot : je regarde toujours
La chair de leurs cous blancs brodés de mèches folles ;
Je suis, sous le corsage et les frêles atours,
Le dos divin après la courbe des épaules.

J'ai bientôt déniché la bottine, le bas...
Je reconstruis les corps, brûlé de belles fièvres.
Elles me trouvent drôle et se parlent tout bas...
— Et je sens les baisers qui me viennent aux lèvres...

LE FORGERON

Palais des Tuileries,
vers le 10 août 92.

Le bras sur un marteau gigantesque, effrayant
D'ivresse et de grandeur, le front vaste, riant
Comme un clairon d'airain, avec toute sa bouche,
Et prenant ce gros-là dans son regard farouche,
Le Forgeron parlait à Louis Seize, un jour
Que le Peuple était là, se tordant tout autour,
Et sur les lambris d'or traînant sa veste sale.
Or le bon roi, debout sur son ventre, était pâle,
Pâle comme un vaincu qu'on prend pour le gibet,
Et, soumis comme un chien, jamais ne regimbait
Car ce maraud de forge aux énormes épaules
Lui disait de vieux mots et des choses si drôles,
Que cela l'empoignait au front, comme cela !

« Or, tu sais bien Monsieur, nous chantions tra la la
Et nous piquions les bœufs vers les sillons des autres :
Le Chanoine au soleil filait des patenôtres
Sur des chapelets clairs grenés de pièces d'or.
Le Seigneur, à cheval, passait, sonnant du cor
Et l'un avec la hart, l'autre avec la cravache
Nous fouaillaient. — Hébétés comme des yeux de vache,
Nos yeux ne pleuraient plus ; nous allions, nous allions,
Et quand nous avions mis le pays en sillons,
Quand nous avions laissé dans cette terre noire
Un peu de notre chair... nous avions un pourboire :
On nous faisait flamber nos taudis dans la nuit
Nos petits y faisaient un gâteau fort bien cuit.

... « Oh ! je ne me plains pas. Je te dis mes bêtises,
C'est entre nous. J'admets que tu me contredises.
Or, n'est-ce pas joyeux de voir, au mois de juin
Dans les granges entrer des voitures de foin
Enormes ? De sentir l'odeur de ce qui pousse,
Des vergers quand il pleut un peu, de l'herbe rousse ?
De voir des blés, des blés, des épis pleins de grain,
De penser que cela prépare bien du pain ?...
Oh ! plus fort, on irait, au fourneau qui s'allume,
Chanter joyeusement en martelant l'enclume,
Si l'on était certain de pouvoir prendre un peu,
Etant homme, à la fin ! de ce que donne Dieu !
— Mais voilà, c'est toujours la même vieille histoire !...

« Mais je sais, maintenant ! Moi je ne peux plus croire,
Quand j'ai deux bonnes mains, mon front et mon marteau,
Qu'un homme vienne là, dague sur le manteau,
Et me dise : Mon gars, ensemence ma terre ;
Que l'on arrive encor, quand ce serait la guerre,
Me prendre mon garçon comme cela, chez moi !
— Moi, je serais un homme, et toi, tu serais roi,
Tu me dirais : Je veux !... — Tu vois bien, c'est stupide.
Tu crois que j'aime voir ta baraque splendide,
Tes officiers dorés, tes mille chenapans,
Tes palsembleu bâtards tournant comme des paons :
Ils ont rempli ton nid de l'odeur de nos filles
Et de petits billets pour nous mettre aux Bastilles
Et nous dirons : C'est bien ; les pauvres à genoux !
Nous dorerons ton Louvre en donnant nos gros sous !
Et tu te soûleras, tu feras belle fête
— Et ces Messieurs riront, les reins sur notre tête !
« Non. Ces saletés-là datent de nos papas !
Oh ! Le Peuple n'est plus une putain. Trois pas
Et, tous, nous avons mis ta Bastille en poussière.
Cette bête suait du sang à chaque pierre
Et c'était dégoûtant, la Bastille debout
Avec ses murs lépreux qui nous racontaient tout
Et, toujours, nous tenaient enfermés dans leur ombre !
— Citoyen ! citoyen ! c'était le passé sombre
Qui croulait, qui râlait, quand nous primes la tour !
Nous avions quelque chose au cœur comme l'amour.

Nous avions embrassé nos fils sur nos poitrines.
Et, comme des chevaux, en soufflant des narines
Nous allions, fiers et forts, et ça nous battait là....
Nous marchions au soleil, front haut ; comme cela, —
Dans Paris ! On venait devant nos vestes sales.
Enfin ! Nous nous sentions Hommes ! Nous étions pâles,
Sire, nous étions soûls de terribles espoirs :
Et quand nous fûmes là, devant les donjons noirs,
Agitant nos clairons et nos feuilles de chêne,
Les piques à la main ; nous n'eûmes pas de haine,
— Nous nous sentions si forts, nous voulions être doux !
. . . .
. . . .

« Et depuis ce jour là, nous sommes comme fous !
Le tas des ouvriers a monté dans la rue,
Et ces maudits s'en vont, foule toujours accrue
De sombres revenants, aux portes des richards.
Moi, je cours avec eux assommer les mouchards :
Et je vais dans Paris, noir, marteau sur l'épaule,
Farouche, à chaque coin balayant quelque drôle,
Et, si tu me riais au nez, je te tuerais !
— Puis, tu peux y compter, tu te feras des frais
Avec tes hommes noirs, qui prennent nos requêtes
Pour se les renvoyer comme sur des raquettes
Et, tout bas, les malins ! se disent : « Qu'ils sont sots ! »

Pour mitonner des lois, coller de petits pots
Pleins de jolis décrets roses et de droguailles,
S'amuser à couper proprement quelques tailles,
Puis se boucher le nez quand nous marchons près d'eux,
— Nos doux représentants qui nous trouvent crasseux ! —
Pour ne rien redouter, rien, que les baïonnettes...,
C'est très bien. Foin de leur tabatière à sornettes !
Nous en avons assez, là, de ces cerveaux plats
Et de ces ventres-dieux. Ah ! ce sont là les plats
Que tu nous sers, bourgeois, quand nous sommes féroces,
Quand nous brisons déjà les sceptres et les crosses !...
. . . .

Il le prend par le bras, arrache le velours
Des rideaux, et lui montre en bas les larges cours
Où fourmille, où fourmille, où se lève la foule,
La foule épouvantable avec des bruits de houle,
Hurlant comme une chienne, hurlant comme une mer,
Avec ses bâtons forts et ses piques de fer,
Ses tambours, ses grands cris de halles et de bouges,
Tas sombre de haillons saignant de bonnets rouges :
L'Homme, par la fenêtre ouverte, montre tout
Au roi pâle et suant qui chancelle debout,
Malade à regarder cela !

                        « C'est la crapule,
Sire. Ça bave aux murs, ça monte, ça pullule :

— Puisqu'ils ne mangent pas, Sire, ce sont des gueux !
Je suis un forgeron : ma femme est avec eux,
Folle-! Elle croit trouver du pain aux Tuileries !
— On ne veut pas de nous dans les boulangeries.
J'ai trois petits. Je suis crapule. — Je connais
Des vieilles qui s'en vont pleurant sous leurs bonnets
Parce qu'on leur a pris leur garçon ou leur fille :
C'est la crapule. — Un homme était à la Bastille,
Un autre était forçat : et, tous deux, citoyens
Honnêtes. Libérés, ils sont comme des chiens :
On les insulte ! Alors, ils ont là quelque chose
Qui leur fait mal, allez ! C'est terrible, et c'est cause
Que se sentant brisés, que, se sentant damnés,
Ils sont là, maintenant, hurlant sous votre nez !
Crapule. — Là dedans sont des filles, infâmes
Parce que, — vous saviez que c'est faible, les femmes, —
Messeigneurs de la cour, — que ça veut toujours bien, —
Vous avez craché sur l'âme, comme rien !
Vos belles, aujourd'hui, sont là. C'est la crapule.

. . . .

« Oh ! tous les malheureux, tous ceux dont le dos brûle
Sous le soleil féroce, et qui vont, et qui vont,
Qui dans ce travail là sentent crever leur front
Chapeau bas, mes bourgeois ! Oh ! ceux-là sont les Hommes !
Nous sommes Ouvriers, Sire ! Ouvriers ! Nous sommes
Pour les grands temps nouveaux où l'on voudra savoir,

Où l'Homme forgera du matin jusqu'au soir,
Chasseur des grands effets, chasseur des grandes causes,
Ou, lentement vainqueur, il domptera les choses
Et montera sur Tout, comme sur un cheval !
Oh ! splendides lueurs des forges ! Plus de mal,
Plus ! — Ce qu'on ne sait pas, c'est peut-être terrible :
Nous saurons ! — Nos marteaux en main ; passons au crible
Tout ce que nous savons : puis, Frères, en avant !
Nous faisons quelquefois ce grand rêve émouvant
De vivre simplement, ardemment, sans rien dire
De mauvais, travaillant sous l'auguste sourire
D'une femme qu'on aime avec un noble amour :
Et l'on travaillerait fièrement tout le jour,
Ecoutant le devoir comme un clairon qui sonne :
Et l'on se sentirait très heureux : et personne
Oh ! personne, surtout, ne vous ferait ployer !
On aurait un fusil au-dessus du foyer...
. . . .

« Oh ! mais l'air est tout plein d'une odeur de bataille !
Que te disais-je donc ? Je suis de la canaille !
Il reste des mouchards et des accapareurs.
Nous sommes libres, nous ! Nous avons des terreurs
Où nous nous sentons grands, oh ! si grands ! Tout à l'heure
Je parlais de devoir calme, d'une demeure...
Regarde donc le ciel ! — C'est trop petit pour nous,
Nous crèverions de chaud, nous serions à genoux !

Regarde donc le ciel ! — Je rentre dans la foule
Dans la grande canaille effroyable, qui roule,
Sire, tes vieux canons sur les sales pavés ;
— Oh ! quand nous serons morts, nous les aurons lavés
— Et si, devant nos cris, devant notre vengeance,
Les pattes des vieux rois mordorés, sur la France
Poussaient leurs régiments en habits de gala,
Eh bien, n'est-ce pas, vous tous ? Merde à ces chiens-là ! »
. . . .

— Il reprit son marteau sur l'épaule.
                                        La foule
Près de cet homme-là se sentait l'âme soûle,
Et, dans la grande cour, dans les appartements,
Où Paris haletait avec des hurlements,
Un frisson secoua l'immense populace.
Alors, de sa main large et superbe de crasse
Bien que le roi ventru suât, le Forgeron,
Terrible, lui jeta le bonnet rouge au front !

Soleil et Chair

Le Soleil, le foyer de tendresse et de vie,
Verse l'amour brûlant à la terre ravie,
Et, quand on est couché sur la vallée, on sent
Que la terre est nubile et déborde de sang ;
Que son immense sein, soulevé par une âme,
Est d'amour comme dieu, de chair comme la femme,
Et qu'il renferme, gros de sève et de rayons,
Le grand fourmillement de tous les embryons !

Et tout croît, et tout monte !

      O Vénus, ô Déesse !
Je regrette les temps de l'antique jeunesse,
Des satyres lascifs, des faunes animaux,
Dieux qui mordaient d'amour l'écorce des rameaux

Et dans les nénufars baisaient la Nymphe blonde !
Je regrette les temps où la sève du monde,
L'eau du fleuve, le sang rose des arbres verts
Dans les veines de Pan mettaient un univers !
Où le sol palpitait, vert, sous ses pieds de chèvre ;
Où, baisant mollement le clair syrinx, sa lèvre
Modulait sous le ciel le grand hymne d'amour ;
Où, debout sur la plaine, il entendait autour
Répondre à son appel la Nature vivante ;
Où les arbres muets, berçant l'oiseau qui chante,
La terre berçant l'homme, et tout l'Océan bleu
Et tous les animaux aimaient, aimaient en Dieu !
Je regrette les temps de la grande Cybèle
Qu'on disait parcourir, gigantesquement belle,
Sur un grand char d'airain, les splendides cités ;
Son double sein versait dans les immensités
Le pur ruissellement de la vie infinie.
L'Homme suçait, heureux, sa mamelle bénie,
Comme un petit enfant, jouant sur ses genoux.
— Parce qu'il était fort, l'Homme était chaste et doux.

Misère ! Maintenant il dit : Je sais les choses,
Et va, les yeux fermés et les oreilles closes :
— Et pourtant, plus de dieux ! plus de dieux ! l'Homme est Roi
L'Homme est Dieu ! Mais l'Amour, voilà la grande Foi !
Oh ! si l'homme puisait encore à ta mamelle,
Grande mère des dieux et des hommes, Cybèle ;

S'il n'avait pas laissé l'immortelle Astarté
Qui jadis, émergeant dans l'immense clarté
Des flots bleus, fleur de chair que la vague parfume,
Montra son nombril rose où vint neiger l'écume,
Et fit chanter, Déesse aux grands yeux noirs vainqueurs,
Le rossignol aux bois et l'amour dans les cœurs !

II

Je crois en toi ! je crois en toi ! Divine mère,
Aphrodité marine ! — Oh ! la route est amère
Depuis que l'autre Dieu nous attelle à sa croix ;
Chair, Marbre, Fleur, Vénus, c'est en toi que je crois !
— Oui l'Homme est triste et laid, triste sous le ciel vaste,
Il a des vêtements, parce qu'il n'est plus chaste,
Parce qu'il a sali son fier buste de Dieu,
Et qu'il a rabougri, comme une idole au feu,
Son corps Olympien aux servitudes sales !
Oui, même après la mort, dans les squelettes pâles
Il veut vivre, insultant la première beauté !
— Et l'Idole où tu mis tant de virginité,
Où tu divinisas notre argile, la Femme,
Afin que l'homme pût éclairer sa pauvre âme
Et monter lentement, dans un immense amour,
De la prison terrestre à la beauté du jour,

La femme ne sait plus même être courtisane !
— C'est une bonne farce ! et le monde ricane .
Au nom doux et sacré de la grande Vénus !

III

Si les temps revenaient, les temps qui sont venus !
— Car l'Homme a fini ! l'Homme a joué tous les rôles !
Au grand jour, fatigué de briser des idoles
Il ressuscitera, libre de tous ses Dieux,
Et, comme il est du ciel, il scrutera les cieux !
L'Idéal, la pensée invincible, éternelle,
Tout le dieu qui vit, sous son argile charnelle,
Montera, montera, brûlera sous son front !
Et quand tu le verras sonder tout l'horizon,
Contempteur des vieux jougs, libre de toute crainte,
Tu viendras lui donner la Rédemption sainte !
— Splendide, radieuse, au sein des grandes mers
Tu surgiras, jetant sur le vaste Univers
L'Amour infini dans un infini sourire !
Le Monde vibrera comme une immense lyre
Dans le frémissement d'un immense baiser :

— Le Monde a soif d'amour : tu viendras l'apaiser.
. . . .

IV

O splendeur de la chair ! ô splendeur idéale !
O renouveau d'amour, aurore triomphale
Où, courbant à leurs pieds les Dieux et les Héros
Kallipige la blanche et le petit Eros
Effleureront, couverts de la neige des roses,
Les femmes et les fleurs sous leurs beaux pieds écloses !
O grande Ariadné, qui jettes tes sanglots
Sur la rive, en voyant fuir là-bas sur les flots,
Blanche sous le soleil, la voile de Thésée,
O douce vierge enfant qu'une nuit a brisée,
Tais-toi ! Sur son char d'or brodé de noirs raisins,
Lysios, promené dans les champs Phrygiens
Par les tigres lascifs et les panthères rousses,
Le long des fleuves bleus rougit les sombres mousses.
Zeus, Taureau, sur son cou berce comme une enfant
Le corps nu d'Europé, qui jette son bras blanc
Au cou nerveux du Dieu frissonnant dans la vague,
Il tourne lentement vers elle son œil vague ;
Elle, laisse traîner sa pâle joue en fleur
Au front de Zeus ; ses yeux sont fermés ; elle meurt
Dans un divin baiser, et le flot qui murmure
De son écume d'or fleurit sa chevelure.
— Entre le laurier rose et le lotus jaseur
Glisse amoureusement le grand Cygne rêveur

Embrassant la Léda des blancheurs de son aile ;
— Et tandis que Cypris passe, étrangement belle,
Et, cambrant les rondeurs splendides de ses reins,
Etale fièrement l'or de ses larges seins
Et son ventre neigeux brodé de mousse noire,
— Héraclès, le Dompteur, qui, comme d'une gloire
Fort, ceint son vaste corps de la peau du lion,
S'avance, front terrible et doux, à l'horizon !

Par la lune d'été vaguement éclairée,
Debout, nue, et rêvant dans sa pâleur dorée
Que tache le flot lourd de ses longs cheveux bleus,
Dans la clairière sombre où la mousse s'étoile,
La Dryade regarde au ciel silencieux...
— La blanche Séléné laisse flotter son voile,
Craintive, sur les pieds du bel Endymion,
Et lui jette un baiser dans un pâle rayon...
— La Source pleure au loin dans une longue extase...
C'est la Nymphe qui rêve, un coude sur son vase,
Au beau jeune homme blanc que son onde a pressé.
— Une brise d'amour dans la nuit a passé,
Et, dans les bois sacrés, dans l'horreur des grands arbres,
Majestueusement debout, les sombres Marbres,
Les Dieux, au front desquels le Bouvreuil fait son nid,
— Les Dieux écoutent l'Homme et le Monde infini !

Mai 1870.

Le Dormeur du Val

C'est un trou de verdure où chante une rivière
Accrochant follement aux herbes des haillons
D'argent ; où le soleil, de la montagne fière,
Luit : c'est un petit aval qui mousse de rayons.

Un soldat jeune, bouche ouverte, tête nue,
Et la nuque baignant dans le frais cresson bleu,
Dort ; il est étendu dans l'herbe, sous la nue,
Pâle dans son lit vert où la lumière pleut.

RELIQUAIRE

Les pieds dans les glaïeuls, il dort. Souriant comme
Sourirait un enfant malade, il fait un somme :
Nature, berce-le chaudement : il a froid.

Les parfums ne font pas frissonner sa narine ;
Il dort dans le soleil, la main sur sa poitrine
Tranquille. Il a deux trous rouges au côté droit.

Octobre 1870.

Au Cabaret-Vert

cinq heures du soir.

Depuis huit jours, j'avais déchiré mes bottines
Aux cailloux des chemins. J'entrais à Charleroi.
— Au Cabaret-Vert : je demandai des tartines
De beurre et du jambon qui fût à moitié froid.

Bienheureux, j'allongeai les jambes sous la table
Verte : je contemplai les sujets très naïfs
De la tapisserie. — Et ce fut adorable,
Quand la fille aux tétons énormes, aux yeux vifs,

— Celle-là, ce n'est pas un baiser qui l'épeure ! —
Rieuse, m'apporta des tartines de beurre,
Du jambon tiède, dans un plat colorié,

Du jambon rose et blanc parfumé d'une gousse
D'ail, — et m'emplit la chope immense, avec sa mousse
Que dorait un rayon de soleil arriéré.

Octobre 1870.

La Maline

Dans la salle à manger brune, que parfumait
Une odeur de vernis et de fruits, à mon aise
Je ramassais un plat de je ne sais quel met
Belge, et je m'épatais dans mon immense chaise.

En mangeant, j'écoutais l'horloge, — heureux et coi.
La cuisine s'ouvrit avec une bouffée
— Et la servante vint, je ne sais pas pourquoi,
Fichu moitié défait, malinement coiffée.

Et, tout en promenant son petit doigt tremblant
Sur sa joue, un velours de pêche rose et blanc,
En faisant, de sa levre enfantine, une moue,

Elle arrangeait les plats, près de moi, pour m'aiser ;
— Puis, comme ça, — bien sûr pour avoir un baiser, —
Tout bas : « Sens donc : j'ai pris une froid sur la joue... »

Charleroi, octobre 1870.

L'Éclatante Victoire de Sarrebruck

remportée aux cris de vive l'Empereur !

(Gravure belge brillamment coloriée, se vend à Charleroi,
35 centimes.)

Au milieu, l'Empereur, dans une apothéose
Bleue et jaune, s'en va, raide, sur son dada
Flamboyant ; très heureux, — car il voit tout en rose,
Féroce comme Zeus et doux comme un papa ;

En bas, les bons Pioupious qui faisaient la sieste
Près des tambours dorés et des rouges canons,
Se lèvent gentiment. Pitou remet sa veste,
Et, tourné vers le Chef, s'étourdit de grands noms

A droite, Dumanet, appuyé sur la crosse
De son chassepot, sent frémir sa nuque en brosse,
Et : « Vive l'Empereur !! » — Son voisin reste coi...

Un schako surgit, comme un soleil noir... — Au centre,
Boquillon, rouge et bleu, très naïf, sur son ventre
Se dresse, et, — présentant ses derrières : « De quoi ?... »

Octobre 1870.

Rêvé pour l'Hiver

A Elle.

L'hiver, nous irons dans un petit wagon rose
  Avec des coussins bleus.
Nous serons bien. Un nid de baisers fous repose
  Dans chaque coin moelleux.

Tu fermeras l'œil, pour ne point voir, par la glace,
  Grimacer les ombres des soirs,
Ces monstruosités hargneuses, populace
  De démons noirs et de loups noirs.

Puis tu te sentiras la joue égratignée...
Un petit baiser, comme une folle araignée,
    Te courra par le cou...

Et tu me diras : « Cherche ! » en inclinant la tête ;
— Et nous prendrons du temps à trouver cette bête !
    — Qui voyage beaucoup...

En wagon, le 7 Octobre 1870.

LE BUFFET

C'est un large buffet sculpté ; le chêne sombre,
Très vieux, a pris cet air si bon des vieilles gens ;
Le buffet est ouvert, et verse dans son ombre
Comme un flot de vin vieux, des parfums engageants ;

Tout plein, c'est un fouillis de vieilles vieilleries,
De linges odorants et jaunes, de chiffons
De femmes ou d'enfants, de dentelles flétries,
De fichus de grand'mère où sont peints des griffons ;

— C'est là qu'on trouverait les médaillons, les mèches
De cheveux blancs ou blonds, les portraits, les fleurs sèches
Dont le parfum se mêle à des parfums de fruits.

— O buffet du vieux temps, tu sais bien des histoires,
Et tu voudrais conter tes contes, et tu bruis
Quand s'ouvrent lentement tes grandes portes noires.

Octobre 1870.

Ma Bohême

(Fantaisie)

Je m'en allais, les poings dans mes poches crevées ;
Mon paletot aussi devenait idéal ;
J'allais sous le ciel, Muse ! et j'étais ton féal ;
Oh ! là là ! que d'amours splendides j'ai rêvées !

Mon unique culotte avait un large trou.
— Petit Poucet rêveur, j'égrenais dans ma course
Des rimes. Mon auberge était à la Grande-Ourse,
— Mes étoiles au ciel avaient un doux frou-frou.

Et je les écoutais, assis au bord des routes,
Ces bons soirs de septembre où je sentais des gouttes
De rosée à mon front, comme un vin de vigueur ;

Où, rimant au milieu des ombres fantastiques,
Comme des lyres, je tirais les élastiques
De mes souliers blessés, un pied près de mon cœur !

ENTENDS COMME BRAME

Entends comme brame
près des acacias
en avril la rame
viride du pois !

Dans sa vapeur nette,
vers Phœbé ! tu vois
s'agiter la tête
de saints d'autrefois...

Loin des claires meules
des caps, des beaux toits,
ces chers Anciens veulent
ce philtre sournois...

Or ni feriale
ni astrale ! n'est
la brume qu'exhale
ce nocturne effet.

Néanmoins ils restent,
— Sicile, Allemagne,
dans ce brouillard triste
et blèmi, justement !

CHANT DE GUERRE PARISIEN

Le printemps est évident, car
Du cœur des Propriétés vertes
Le vol de Thiers et de Picard
Tient ses splendeurs grandes ouvertes.

O mai ! Quels délirants cul-nus !
Sèvres, Meudon, Bagneux, Asnières,
Ecoutez donc les bienvenus
Semer les choses printanières !

Ils ont schako, sabre et tamtam
Non la vieille boîte à bougies
Et des yoles qui n'ont jam...jam...
Fendent le lac aux eaux rougies !...

Plus que jamais nous bambochons
Quand arrivent sur nos tanières **
Crouler les jaunes cabochons
Dans des aubes particulières.

Thiers et Picard sont des Eros
Des enleveurs d'héliotropes
Au pétrole ils font des Corots
Voici hannetonner leurs tropes...

Ils sont familiers du grand turc !...
Et couché dans les glaïeuls, Favre,
Fait son cillement aqueduc
Et ses reniflements à poivre !

La Grand'Ville a le pavé chaud
Malgré vos douches de pétrole
Et décidément il nous faut
Nous secouer dans votre rôle,..

Et les ruraux qui se prélassent
Dans de longs accroupissements
Entendront des rameaux qui cassent
Parmi les rouges froissements.

** Quand viennent sur nos fourmilières *(var. de l'auteur)*

Mes petites Amoureuses

Un hydrolat lacrymal lave
　　Les cieux vert-chou :
Sous l'arbre tendronnier qui bave
　　Vos caoutchoucs.

Blancs de lunes particulières
　　Aux pialats ronds
Entrechoquez vos genouillères
　　Mes laiderons !

Nous nous aimions à cette époque,
　　Bleu laideron :
On mangeait des œufs à la coque
　　Et du mouron !

Un soir tu me sacras poète,
    Blond laideron.
Descends ici que je te fouette
    En mon giron ;

J'ai dégueulé ta bandoline
    Noir laideron ;
Tu couperais ma mandoline
    Au fil du front.

Pouah ! nos salives desséchées
    Roux laideron
Infectent encor les tranchées
    De ton sein rond !

O mes petites amoureuses
    Que je vous hais !
Plaquez de fouffes douloureuses
    Vos tétons laids !

Piétinez mes vieilles terrines
    De sentiment ;
Hop donc soyez-moi ballerines
    Pour un moment !...

Vos omoplates se déboîtent
   O mes amours !
Une étoile à vos reins qui boîtent
   Tournez vos tours

Est-ce pourtant pour ces éclanches
   Que j'ai rimé !
Je voudrais vous casser les hanches
   D'avoir aimé !

Fade amas d'étoiles ratées
   Comblez les coins
— Vous creverez en Dieu, bâtées
   D'ignobles soins !

Sous les lunes particulières
   Aux pialats ronds
Entrechoquez vos genouillières
   Mes laiderons !

ACCROUPISSEMENTS

Bien tard, quand il se sent l'estomac écœuré,
Le frère Milotus un œil à la lucarne
D'où le soleil, clair comme un chaudron récuré,
Lui darde une migraine et fait son regard darne,
Déplace dans les draps son ventre de curé.

Il se démène sous sa couverture grise
Et descend ses genoux à son ventre tremblant,
Effaré comme un vieux qui mangerait sa prise
Car il lui faut, le poing à l'anse d'un pot blanc,
A ses reins largement retrousser sa chemise !

Or, il s'est accroupi frileux, les doigts de pied
Repliés grelottant au clair soleil qui plaque
Des jaunes de brioches aux vitres de papiers,
Et le nez du bonhomme où s'allume la laque
Renifle aux rayons, tel qu'un charnel polypier.

. . . .

Le bonhomme mijote au feu, bras tordus, lippe
Au ventre : il sent glisser ses cuisses dans le feu
Et ses chausses roussir et s'éteindre sa pipe ;
Quelque chose comme un oiseau remue un peu
A son ventre serein comme un morceau de tripe !

Autour, dort un fouillis de meubles abrutis
Dans des haillons de crasse et sur de sales ventres,
Des escabeaux, crapauds étranges, sont blottis
Aux coins noirs : des buffets ont des gueules de chantres
Qu'entr'ouve un sommeil plein d'horribles appétits.

L'écœurante chaleur gorge la chambre étroite,
Le cerveau du bonhomme est bourré de chiffons,
Il écoute les poils pousser dans sa peau moite
Et parfois en hoquets fort gravement bouffons
S'échappe, secouant son escabeau qui boîte...

. . . .

RELIQUAIRE

Et le soir aux rayons de lune qui lui font
Aux contours du cul des bavures de lumière,
Une ombre avec détails s'accroupit sur un fond
De neige rose ainsi qu'une rose trémière...
Fantasque, un nez poursuit Vénus au ciel profond.

LES POÈTES DE SEPT ANS

A M. P. Demeny.

Et la Mère, fermant le livre du devoir,
S'en allait satisfaite et très fière, sans voir,
Dans les yeux bleus et sous le front plein d'éminences,
L'âme de son enfant livrée aux répugnances.

Tout le jour il suait d'obéissance ; très
Intelligent ; pourtant des tics noirs, quelques traits,
Semblaient prouver en lui d'âcres hypocrisies.
Dans l'ombre des couloirs aux tentures moisies,
En passant il tirait la langue, les deux poings
A l'aine, et dans ses yeux fermés voyait des points.
Une porte s'ouvrait sur le soir : à la lampe
On le voyait, là-haut, qui râlait sur la rampe,

Sous un golfe de jour pendant du toit. L'été
Surtout, vaincu, stupide, il était entêté
A se renfermer dans la fraîcheur des latrines :
Il pensait là, tranquille et livrant ses narines.
Quand, lavé des odeurs du jour, le jardinet
Derrière la maison, en hiver s'illunait,
Gisant au pied d'un mur, enterré dans la marne
Et pour des visions écrasant son œil darne,
Il écoutait grouiller les galeux espaliers.
Pitié ! Ces enfants seuls étaient ses familiers
Qui, chétifs, fronts nus, œil déteignant sur la joue,
Cachant de maigres doigts jaunes et noirs de boue,
Sous des habits puant la foire et tout vieillots,
Conversaient avec la douceur des idiots !
Et si, l'ayant surpris à des pitiés immondes,
Sa mère s'effrayait ; les tendresses profondes
De l'enfant se jetaient sur cet étonnement.
C'était bon. Elle avait le bleu regard, — qui ment !

A sept ans, il faisait des romans sur la vie
Du grand désert, où luit la Liberté ravie,
Forêts, soleils, rives, savanes ! — Il s'aidait
De journaux illustrés où, rouge, il regardait
Des Espagnoles rire et des Italiennes.
Quand venait, l'œil brun, folle, en robes d'idiennes,
— Huit ans, — la fille des ouvriers d'à-côté,

La petite brutale, et qu'elle avait sauté,
Dans un coin, sur son dos, en secouant ses tresses,
Et qu'il était sous elle, il lui mordait les fesses,
Car elle ne portait jamais de pantalons ;
— Et, par elle meurtri des poings et des talons
Remportait les saveurs de sa peau dans sa chambre.

Il craignait les blafards dimanches de décembre,
Où, pommadé, sur un guéridon d'acajou,
Il lisait une Bible à la tranche vert-chou ;
Des rêves l'oppressaient chaque nuit dans l'alcôve.
Il n'aimait pas Dieu ; mais les hommes, qu'au soir fauve,
Noirs, en blouse, il voyait rentrer dans le faubourg
Où les crieurs, en trois roulements de tambour
Font autour des édits rire et gronder les foules.
— Il rêvait la prairie amoureuse, où des houles
Lumineuses, parfums sains, pubescences d'or,
Font leur remuement calme et prennent leur essor !

Et comme il savourait surtout les sombres choses,
Quand, dans la chambre nue aux persiennes closes,
Haute et bleue, âcrement prise d'humidité,
Il lisait son roman sans cesse médité,
Plein de lourds ciels ocreux et de forêts noyées,
De fleurs de chair aux boix sidérals déployées,

Vertige, écroulements, déroutes et pitié !
— Tandis que se faisait la rumeur du quartier,
En bas, — seul, et couché sur des pièces de toile
Ecrue, et pressentant violemment la voile !

26 mai 1871.

LES PAUVRES A L'EGLISE

Parqués entre des bancs de chêne, aux coins d'église
Qu'attiédit puamment leur souffle, tous leurs yeux
Vers le cœur ruisselant d'orrie et la maîtrise
Aux vingt gueules gueulant les cantiques pieux ;

Comme un parfum de pain humant l'odeur de cire,
Heureux, humiliés comme des chiens battus,
Les Pauvres au bon Dieu, le patron et le sire,
Tendent leurs oremus risibles et têtus.

Aux femmes, c'est bien bon de faire des bancs lisses,
Après les six jours noirs où Dieu les fait souffrir !
Elles bercent, tordus dans d'étranges pelisses,
Des espèces d'enfants qui pleurent à mourir :

Leurs seins crasseux dehors, ces mangeuses de soupe,
Une prière aux yeux et ne priant jamais,
Regardent parader mauvaisement un groupe
De gamines avec leurs chapeaux déformés.

Dehors, le froid, la faim, l'homme en ribotte :
C'est bon. Encore une heure ; après, les maux sans nom !
— Cependant, alentour, geint, nazille. chuchote
Une collection de vieilles à fanons ;

Ces effarés y sont et ces épileptiques
Dont on se détournait hier aux carrefours ;
Et, fringalant du nez dans des missels antiques
Ces aveugles qu'un chien introduit dans les cours.

Et tous, bavant la foi mendiante et stupide,
Récitent la complainte infinie à Jésus
Qui rêve en haut, jauni par le vitrail livide,
Loin des maigres mauvais et des méchants pansus,

Loin des senteurs de viande et d'étoffes moisies,
Farce prostrée et sombre aux gestes repoussants ;
— Et l'oraison fleurit d'expressions choisies,
Et les mysticités prennent des tons pressants,

Quand, des nefs où périt le soleil, plis de soie
Banals, sourires verts, les Dames des quartiers
Distingués, — ô Jésus ! — les malades du foie
Font baiser leurs longs doigts jaunes aux bénitiers.

1871.

LE CŒUR DU PITRE

Mon triste cœur bave à la poupe,
Mon cœur est plein de caporal ;
Ils y lancent des jets de soupe
Mon triste cœur bave à la poupe.
Sous les quolibets de la troupe
Qui pousse un rire général,
Mon triste cœur bave à la poupe
Mon cœur est plein de caporal !

Ithyphalliques et pioupiesques
Leurs insultes l'ont dépravé :
A la vesprée, ils font des fresques
Ithyphalliques et pioupiesques :

O flots abracadabrantesques
Prenez mon cœur, qu'il soit sauvé :
Ithyphalliques et pioupiesques
Leurs insultes l'ont dépravé !

Quand ils auront tari leurs chiques,
Comment agir, ô cœur volé ?
Ce seront des refrains bachiques
Quand ils auront tari leurs chiques :
J'aurai des sursauts stomachiques
Si mon cœur triste est ravalé :
Quand ils auront tari leurs chiques,
Comment agir, ô cœur volé ?

Juin 1871.

La Saison en Enfer

A quatre heures du matin, l'été,
Le sommeil d'amour dure encore
Sous les bocages s'évapore
    L'odeur du soir fêté !

Là-bas, dans leur vaste chantier
Au soleil des Hespérides,
Déjà s'agitent — en bras de chemises —
    Les Charpentiers.

Dans leurs Déserts de mousse, tranquilles,
Ils préparent les lambris précieux
    Où la ville
    Peindra de faux cieux.

O, pour ces Ouvriers charmants
Sujets d'un roi de Babylone,
Vénus ! quitte un instant les Amants
    Dont l'âme est en couronne.

   O reine des Bergers
Porte aux travailleurs l'eau-de-vie,
Que leurs forces soient en paix
En attendant le bain dans la mer à midi.

FAIM

Si j'ai du goût, ce n'est guère
Que pour la terre et les pierres.
Je déjeune toujours d'air,
De roc, de charbon, de fer.

Mes faims toussez. Paissez, mes faims,
Le pré des sons.
Attirez le gai venin
Des liserons.

Mangez les cailloux qu'on brise
Les vieilles pierres d'églises ;
Les galets des vieux déluges,
Pains semés dans les vallées grises.

Le loup criait sous les feuilles
En crachant les belles plumes
De son repas de volailles :
Comme lui je me consume.

Les salades, les fruits
N'attendent que la cueillette ;
Mais l'araignée de la haie
Ne mange que les violettes.

Que je dorme ! que je bouille
Aux autels de Salomon
Le bouillon court sur la rouille
Et se mêle au Cédron.

MOUVEMENT

Le mouvement de lacet sur la berge des chutes du fleuve,
Le gouffre à l'étambot,
La célérité de la rampe,
L'énorme passade du courant
Mènent par les lumières inouïes
Et la nouveauté chimique.
Les voyageurs entourés des trombes du val
Et du strom.

Ce sont les conquérants du monde
Cherchant la fortune chimique personnelle ;
Le sport et le confort voyagent avec eux ;
Ils emmènent l'éducation

Des races, des classes et des bêtes, sur ce vaisseau
Repos et vertige
A la lumière diluvienne
Aux terribles Soirs d'étude.

Car la causerie parmi les appareils, le sang, les fleurs, le
Des comptes agités à ce bord fuyard,   [feu, les bijoux,
— On voit, roulant comme une digue au-delà de la route
                                        [hydraulique motrice,
Monstrueux, s'éclairant sans fin, — leur stock d'études ;
Eux chassés dans l'extase harmonique,
Et l'héroïsme de la découverte :

Aux accidents atmosphériques les plus surprenants,
Un couple de jeunesse, s'isole sur l'arche,
— Est-ce ancienne sauvagerie qu'on pardonne ? —
Et chante et se poste.

HONTE

Tant que la lame n'aura
Pas coupé cette cervelle,
Ce paquet blanc, vert et gras,
A vapeur jamais nouvelle,

(Ah ! Lui, devrait couper son
Nez, sa lèvre, ses oreilles,
Son ventre ! et faire abandon
De ses jambes ! ô merveille !)

Mais, non ; vrai, je crois que tant
Que pour sa tête la lame,
Que les cailloux pour son flanc
Que pour ses boyaux la flamme

N'auront pas agi, l'enfant
Gêneur, la si sotte bête
Ne doit cesser un instant
De ruser et d'être traitre,

Comme un chat des Monts-Rocheux,
D'empuantir toutes sphères !
Qu'à sa mort pourtant, ô mon Dieu !
S'élève quelque prière !

Nous sommes tes grands parents,
Les grands,
Couverts des froides sueurs
De la terre et des verdures.
Nos vins secs avaient du cœur,
Au soleil sans imposture
Que faut-il à l'homme ? Boire...

Moi. — Mourir aux fleuves barbares.

Nous sommes tes grands parents
Des champs...
L'eau est au fond des osiers...
Vois le courant du fossé
Autour du château mouillé...

Descendons dans nos celliers :
Après le cidre, ou le lait...

Moi. — Aller où boivent les vaches,

Nous sommes tes grands parents :
Tiens, prends
Les liqueurs dans nos armoires :
Le thé, le café, si rares,
Frémissent dans les bouilloires.
Vois les images ; les fleurs :
Nous entrons du cimetière...

Moi. — Ah ! tarir toutes les urnes.

Eternelles Ondines
Divisez l'eau fine ;
Vénus, sœur de l'azur,
Emeus le flot pur.

Juifs errants de Norwége
Dites-moi la neige ;
Anciens exilés chers,
Dites-moi la mer....

— Non, plus ces boissons pures,
   Ces fleurs d'eau pour verres ;
Légendes ni figures
   Ne me désaltèrent ;

Chansonnier, ta filleule
   C'est ma soif si folle ;
Hydre intime, sans gueule,
   Qui mine et désole !

Viens ! les vins sont aux plages,
Et les flots, par millions !
Vois le bitter sauvage
Rouler du haut des monts ;

Gagnons, pèlerins sages,
L'absinthe aux verts piliers...

Moi. — Plus ces paysages,
   Qu'est l'ivresse, amis ?

J'aime autant, mieux, même
Pourrir dans l'étang,
Sous l'affreuse crême,
Près des bois flottants.

Peut-être un soir m'attend
Où je boirai tranquille
En quelque bonne ville,
Et mourrai ....ontent
Puisque je s.... tent.

Si mon mal se résigne
Si jamais j'ai quelque or,
Choisirai-je le Nord
Ou les pays des vignes ?...
Ah ! songer est indigne,

Puisque c'est pure perte ;
Et si je redeviens
Le voyageur ancien
Jamais l'auberge verte
Ne peut bien m'être ouverte.

Les pigeons qui tremblent dans la prairie ;
Le gibier qui court et qui voit la nuit ;
Les bêtes des eaux, la bête asservie ;
Les derniers papillons ; ont soif aussi.

Mais fondre où fond ce nuage sans guide...
Oh ! favorisé de ce qui soit frais,
Expirer en ces violettes humides
Dont les aurores chargent ces forêts.

CHANSON DE LA PLUS HAUTE TOUR

Oisive jeunesse
A tout asservie,
Par délicatesse
J'ai perdu ma vie.
Ah ! que le temps vienne
Où les cœurs s'éprennent !

Je me suis dit : Laisse,
Et qu'on ne te voie.
Et sans la promesse
De plus hautes joies.
Que rien ne t'arrête,
Auguste retraite.

Oh mille veuvages
De la si pauvre âme
Qui n'a que l'image
De la Notre-Dame :
Est-ce que l'on prie
La vierge Marie ?

J'ai tant fait patience
Qu'à jamais j'oublie.
Craintes et souffrances
Aux cieux sont parties.
Et la soif malsaine
Obscurcit mes veines.

Ainsi la prairie
A l'oubli livrée ;
Grandie et fleurie
D'encens et d'ivraie ;
Au bourdon farouche
De cent sales mouches.

Oisive jeunesse
A tout asservie,
Par délicatesse
J'ai perdu ma vie.
Ah ! que le temps vienne
Où les cœurs s'éprennent !

O saisons, ô châteaux
Quelle âme est sans défauts ?

O saisons, ô châteaux !

J'ai fait la magique étude
Du bonheur, que nul n'élude.

O vive lui, chaque fois
Que chante le coq gaulois.

Mais je n'aurais plus d'envie
Il s'est chargé de ma vie.

Ce charme ! il prit âme et corps,
Et dispersa tous efforts.

Que comprendre à ma parole ?
Il fait qu'elle fuit et vole !

O saisons, ô châteaux !

BRUXELLES

Juillet, boulevard du Régent.

Plates-bandes d'amarandes jusqu'à
L'agréable palais de Jupiter.
— Je sais que c'est toi qui, dans ces lieux,
Mêles ton Bleu presque de Sahara !

Puis, comme rose et sapin du soleil
Et liane ont ici leurs jeux enclos,
Cage de la petite veuve !...
                                        Quelles
Troupes d'oiseaux, ô ia io, ia io !...

Calmes maisons, anciennes passions !
Kiosque de la Folle par affection,
Après les fesses des rosiers, balcon
Ombreux et très bas de la Juliette

— La Juliette, ça rappelle l'Henriette
Charmante station du chemin de fer,
Au cœur d'un mont, comme un fond d'un verger
Où mille diables bleus dansent dans l'air !

Banc vert où chante au paradis d'orage,
Sur la guitare, la blanche Irlandaise ;
Puis, de la salle à manger guyannaise,
Bavardage des enfants et des âges.

Fenêtre du duc qui fais que je pense
Au poison des escargots et du buis
Qui dort ici-bas au soleil,
                              Et puis
C'est trop beau ! trop ! Gardons notre silence.

— Boulevard sans mouvement ni commerce,
Muet, tout drame et toute comédie,
Réunion de scènes infinie,
Je te connais et t'admire en silence.

Age d'or

Quelqu'une des voix
— Est-elle angélique ! —
Il s'agit de moi,
Vertement s'explique :

Ces mille questions
Qui se ramifient
N'amènent, au fond,
Qu'ivresse et folie.

Terte quatorque
> Reconnais ce tour
> Si gai, si facile ;
> C'est tout onde et flore
> Et c'est ta famille !

Et puis une voix,
— Est-elle angélique ! —
Il s'agit de moi,
Vertement s'explique ;

Et chante à l'instant,
En sœur des haleines ;
D'un ton allemand,
Mais ardente et pleine :

Le monde est vicieux,
Tu dis ? tu t'étonnes ?
Vis ! et laisse au feu
L'obscure infortune...

Pluries
{
O joli château !
Que ta vie est claire.
De quel Age es-tu,
Nature princière
De notre grand frère ?
}

Indesinenter
{
Je chante aussi, moi !
Multiples sœurs ; voix
Pas du tout publiques,
De gloire pudique
Environnez-moi.
}

ETERNITÉ

Elle est retrouvée.
Quoi ? L'éternité.
C'est la mer alliée
Avec le soleil.

Ame sentinelle,
Murmurons l'aveu
De la nuit si nulle
Et du jour en feu.

Des humains suffrages,
Des communs élans,
Donc tu te dégages :
Tu voles selon...

Jamais l'espérance ;
Pas d'*orietur*
Science avec patience...
Le supplice est sûr.

De votre ardeur seule,
Braises de satin,
Le devoir s'exhale
Sans qu'on dise : enfin.

Elle est retrouvée.
Quoi ? L'éternité.
C'est la mer alliée
Avec le soleil.

La rivière de cassis roule ignorée,
A des vaux étranges.
La voix de cent corbeaux l'accompagne vraie
Et bonne voix d'anges.
Avec les grands mouvements des sapinaies
Où plusieurs vents plongent.

Tout roule avec des mystères révoltants
De campagnes d'anciens temps,
De donjons visités, de parcs importants ;
C'est en ces bords que l'on entend
Les passions mortes des chevaliers errants.
Mais que salubre est le vent.

Que le piéton regarde à ces claires-voies,
    Il ira plus courageux,
Soldats des forêts que le Seigneur envoie,
    Chers corbeaux délicieux,
Faites fuir d'ici le paysan matois,
    Qui trinque d'un moignon vieux.

Loin des oiseaux, des troupeaux, des villageois,
Je buvais à genoux dans quelque bruyère
Entourée de tendres bois de noisetiers,
Par un brouillard d'après-midi tiède et vert.

Que pouvais-je boire dans cette jeune Oise,
Ormeaux sans voix, gazon sans fleurs, ciel couvert,
Boire à ces gourdes vertes, loin de ma case
Claire, quelque liqueur d'or qui fait suer ?

Effet mauvais pour une enseigne d'auberge.
Puis l'orage changea le ciel jusqu'au soir :
Ce furent des pays noirs, des perches,
Des colonnades sous la nuit bleue, des gares,

L'eau des bois se perdait sur les sables vierges,
Le vent de Dieu jetait des glaçons aux mares,
Et, tel qu'un pêcheur d'or et de coquillages,
Dire que je n'ai pas eu souci de boire !

Michel et Christine

Zut, alors, si le soleil quitte ces bords !
Fuis, clair déluge ! Voici l'ombre des routes.
Dans les saules, dans la vieille cour d'honneur,
L'orage d'abord jette ses larges gouttes.

O cent agneaux, de l'idylle soldats blonds,
Des aqueducs, des bruyères amaigries,
Fuyez ! plaine, déserts, prairie, horizons
Sont à la toilette rouge de l'orage !

Chien noir, brun pasteur dont le manteau s'engouffre
Fuyez l'heure des éclairs supérieurs ;
Blond troupeau, quand voici nager ombre et soufre,
Tâchez de descendre à des retraits meilleurs.

Mais moi, Seigneur ! voici que mon esprit vole,
Après les cieux glacés de rouge, sous les
Nuages célestes qui courent et volent
Sur cent Solognes longues comme un railway.

Voilà mille loups, mille graines sauvages.
Qu'emporte, non sans aimer les liserons,
Cette religieuse après-midi d'orage
Sur l'Europe ancienne où cent hordes iront !

Après, le clair de lune ! partout la lande,
Rougis et leurs fronts aux cieux noirs, les guerriers
Chevauchent lentement leurs pâles coursiers !
Les cailloux sonnent sous cette fière bande !

— Et verrai-je le bois jaune et le val clair,
L'épouse aux yeux bleus, l'homme au front rouge, ô Gaule,
Et le blanc Agneau pascal, à leurs pieds chers,
— Michel et Christine, — et Christ ! — fin de l'idylle.

Qu'est-ce pour nous, mon cœur, que les nappes de sang
Et de braise, et mille meurtres, et les longs cris
De rage, sanglots de tout enfer renversant
Tout ordre ; et l'Aquilon encor sur les débris,

Et toute vengeance ? Rien !... — Mais si, toute encor,
Nous la voulons ! Industriels, princes, sénats :
Périssez ! puissance, justice, histoire : à bas !
Ça nous est dû. Le sang ! le sang ! la flamme d'or !

Tout à la guerre, à la vengeance, à la terreur,
Mon esprit ! Tournons dans la morsure : Ah ! passez,
Républiques de ce monde ! Des empereurs,
Des régiments, des colons, des peuples, assez !

Qui renverserait les tourbillons de feu furieux,
Que nous et ceux que nous nous imaginons frères ?
A nous, romanesques amis : ça va nous plaire.
Jamais nous ne travaillerons, ô flots de feux !

Europe, Asie, Amérique, disparaissez.
Notre marche vengeresse a tout occupé,
Cités et campagnes ! — Nous serons écrasés !
Les Volcans sauteront ! Et l'Océan frappé....

Oh ! mes amis ! — Mon cœur, c'est sûr, ils sont des frères :
Noirs inconnus, si nous allions ! Allons ! allons !
O malheur ! je me sens frémir, la vieille terre,
Sur moi de plus en plus à vous ! la terre fond.

Ce n'est rien : j'y suis ; j'y suis toujours.

Voyelles

A noir, E blanc, I rouge, U vert, O bleu, voyelles,
Je dirai quelque jour vos naissances latentes.
A, noir corset velu des mouches éclatantes
Qui bombillent autour des puanteurs cruelles,

Golfe d'ombre : E, candeur des vapeurs et des tentes,
Lance des glaciers fiers, rois blancs, frissons d'ombelles ;
I, pourpres, sang craché, rire des lèvres belles
Dans la colère ou les ivresses pénitentes ;

U, cycles, vibrements divins des mers virides,
Paix des pâtis semés d'animaux, paix des rides
Que l'alchimie imprime aux grands fronts studieux ;

O, suprême Clairon plein de strideurs étranges,
Silences traversés des Mondes et des Anges :
— O l'Oméga, rayon violet de Ses Yeux !

BATEAU IVRE

Comme je descendais des Fleuves impassibles
Je ne me sentis plus guidé par les haleurs ;
Des Peaux-rouges criards les avaient pris pour cibles,
Les ayant cloués nus aux poteaux de couleurs.

J'étais insoucieux de tous les équipages,
Porteur de blés flamands ou de cotons anglais.
Quand avec mes haleurs ont fini ces tapages
Les Fleuves m'ont laissé descendre où je voulais.

Dans les clapotements furieux des marées,
Moi, l'autre hiver, plus sourd que les cerveaux d'enfants,
Je courus ! Et les Péninsules démarrées,
N'ont pas subi tohu-bohus plus triomphants.

RELIQUAIRE

La tempête a béni mes éveils maritimes.
Plus léger qu'un bouchon j'ai dansé sur les flots
Qu'on appelle rouleurs éternels de victimes,
Dix nuits, sans regretter l'œil niais des falots.

Plus douce qu'aux enfants la chair des pommes sures
L'eau verte pénétra ma coque de sapin
Et des taches de vins bleus et des vomissures
Me lava, dispersant gouvernail et grappin.

Et dès lors je me suis baigné dans le poème
De la mer, infusé d'astres et latescent,
Dévorant les azurs verts où, flottaison blême
Et ravie, un noyé pensif parfois descend,

Où, teignant tout à coup les bleuités, délires
Et rhythmes lents sous les rutilements du jour,
Plus fortes que l'alcool, plus vastes que vos lyres,
Fermentent les rousseurs amères de l'amour.

Je sais les cieux crevant en éclairs, et les trombes,
Et les ressacs, et les courants, je sais le soir,
L'aube exaltée ainsi qu'un peuple de colombes,
Et j'ai vu quelquefois ce que l'homme a cru voir.

J'ai vu le soleil bas taché d'horreurs mystiques
Illuminant de longs figements violets,
Pareils à des acteurs de drames très antiques,
Les flots roulant au loin leurs frissons de volets ;

J'ai rêvé la nuit verte aux neiges éblouies,
Baisers montant aux yeux des mers avec lenteur,
La circulation des sèves inouïes
Et l'éveil jaune et bleu des phosphores chanteurs.

J'ai suivi des mois pleins, pareille aux vacheries
Hystériques, la houle à l'assaut des récifs,
Sans songer que les pieds lumineux des Maries
Pussent forcer le muffle aux Océans poussifs ;

J'ai heurté, savez-vous ? d'incroyables Florides,
Mêlant aux fleurs des yeux de panthères, aux peaux
D'hommes, des arcs-en-ciel tendus comme des brides,
Sous l'horizon des mers, à de glauques troupeaux ;

J'ai vu fermenter les marais énormes, nasses
Où pourrit dans les joncs tout un Léviathan,
Des écroulements d'eaux au milieu des bonaces
Et les lointains vers les gouffres cataractant !

Glaciers, soleils d'argent, flots nacreux, cieux de braises,
Echouages hideux au fond des golfes bruns
Où les serpents géants dévorés des punaises
Choient des arbres tordus avec de noirs parfums.

J'aurais voulu montrer aux enfants ces dorades
Du flot bleu, ces poissons d'or, ces poissons chantants.
Des écumes de fleurs ont béni mes dérades
Et d'ineffables vents m'ont ailé par instants.

Parfois, martyr lassé des pôles et des zones,
La mer dont le sanglot faisait mon roulis doux
Montait vers moi ses fleurs d'ombre aux ventouses jaunes
Et je restais ainsi qu'une femme à genoux,

Presqu'île ballottant sur mes bords les querelles
Et les fientes d'oiseaux clabaudeurs aux yeux blonds,
Et je voguais lorsqu'à travers mes liens frêles
Des noyés descendaient dormir à reculons.

Or moi, bateau perdu sous les cheveux des anses,
Jeté par l'ouragan dans l'éther sans oiseau,
Moi dont les Monitors et les voiliers des Hanses
N'auraient pas repêché la carcasse ivre d'eau;

Libre, fumant, monté de brumes violettes,
Moi qui trouais le ciel rougeoyant comme un mur
Qui porte, confiture exquise aux bons poètes,
Des lichens de soleil et des morves d'azur,

Qui courais taché de lunules électriques,
Planche folle, escorté des hippocampes noirs,
Quand les Juillets faisaient croûler à coups de triques
Les cieux ultramarins aux ardents entonnoirs,

Moi qui tremblais, sentant geindre à cinquante lieues
Le rut des Béhémots et des Maelstroms épais,
Fileur éternel des immobilités bleues,
Je regrette l'Europe aux anciens parapets.

J'ai vu des archipels sidéraux ! Et des îles
Dont les cieux délirants sont ouverts au vogueur :
— Est-ce en ces nuits sans fond que tu dors et t'exiles,
Million d'oiseaux d'or, ô future Vigueur ?

Mais, vrai, j'ai trop pleuré ! Les aubes sont navrantes,
Toute lune est atroce et tout soleil amer.
L'âcre amour m'a gonflé de torpeurs enivrantes.
O que ma quille éclate ! O que j'aille à la mer !

Si je désire une eau d'Europe, c'est la flache
Noire et froide où, vers le crépuscule embaumé,
Un enfant accroupi, plein de tristesse, lâche
Un bateau frêle comme un papillon de mai.

Je ne puis plus, baigné de vos langueurs, ô lames,
Enlever leur sillage aux porteurs de cotons,
Ni traverser l'orgueil des drapeaux et des flammes,
Ni nager sous les yeux horribles des pontons !

Les Assis

Noirs de loupes, grêlés, les yeux cerclés de bagues
Vertes, leurs doigts boulus crispés à leurs fémurs,
Le sinciput plaqué de hargnosités vagues
Comme les floraisons lépreuses des vieux murs,

Ils ont greffé dans des amours épileptiques
Leur fantasque ossature anx grands squelettes noirs
De leurs chaises ; leurs pieds aux barreaux rachitiques
S'entrelacent pour les matins et pour les soirs.

Ces vieillards ont toujours fait tresse avec leurs sièges,
Sentant les soleils vifs percaliser leurs peaux,
Ou les yeux à la vitre où se fanent les neiges,
Tremblant du tremblement douloureux des crapauds.

Et les Sièges leur ont des bontés ; culottée
De brun, la paille cède aux angles de leurs reins.
L'âme des vieux soleils s'allume, emmaillotée
Dans ces tresses d'épis ou fermentaient les grains.

Et les Assis, genoux aux dents, verts pianistes,
Les dix doigts sous leur siège aux rumeurs de tambour,
S'écoutent clapoter des barcarolles tristes
Et leurs caboches vont dans des roulis d'amour.

Oh ! ne les faites pas lever ! C'est le naufrage.
Ils surgissent, grondant comme des chats gifflés,
Ouvrant lentement leurs omoplates, ô rage !
Tout leur pantalon bouffe à leurs reins boursouflés.

Et vous les écoutez cognant leurs têtes chauves
Aux murs sombres, plaquant et plaquant leurs pieds tors,
Et leurs boutons d'habit sont des prunelles fauves
Qui vous accrochent l'œil du fond des corridors.

Puis ils ont une main invisible qui tue ;
Au retour, leur regard filtre ce venin noir
Qui charge l'œil souffrant de la chienne battue,
Et vous suez, pris dans un atroce entonnoir.

Rassis, les poings crispés dans des manchettes sales,
Ils songent à ceux-là qui les ont fait lever,
Et de l'aurore au soir des grappes d'amygdales
Sous leurs mentons chétifs s'agitent à crever.

Quand l'austère sommeil a baissé leurs visières
Ils rêvent sur leurs bras de sièges fécondés,
De vrais petits amours de chaises en lisières
Par lesquelles de fiers bureaux seront bordés.

Des fleurs d'encre, crachant des pollens en virgules,
Les bercent le long des calices accroupis,
Tels qu'au fil des glaïeuls le vol des libellules,
— Et leur membre s'agace à des barbes d'épis !

Oraison du Soir

Je vis assis tel qu'un ange aux mains d'un barbier,
Empoignant une chope à fortes cannelures,
L'hypogastre et le col cambrés, une Gambier
Aux dents, sous l'air gonflé d'impalpables voilures.

Tels que les excréments chauds d'un vieux colombier
Mille rêves en moi font de douces brûlures ;
Puis par instants mon cœur triste est comme un aubier
Qu'ensanglante l'or jaune et sombre des coulures.

Puis quand j'ai ravalé mes rêves avec soin,
Je me tourne, ayant bu trente ou quarante chopes,
Et me recueille pour lâcher l'âcre besoin.

Doux comme le Seigneur du cèdre et des hysopes,
Je pisse vers les cieux bruns très haut et très loin,
Avec l'assentiment des grands héliotropes.

Les Chercheuses de Poux

Quand le front de l'enfant plein de rouges tourmentes,
Implore l'essaim blanc des rêves indistincts,
Il vient près de son lit deux grandes sœurs charmantes
Avec de frêles doigts aux ongles argentins.

Elles assoient l'enfant devant une croisée
Grande ouverte où l'air bleu baigne un fouillis de fleurs,
Et dans ses lourds cheveux où tombe la rosée
Promènent leurs doigts fins, terribles et charmeurs.

Il écoute chanter leurs haleines craintives
Qui fleurent de longs miels végétaux et rosés
Et qu'interrompt parfois un sifflement, salives
Reprises sur la lèvre ou désirs de baisers.

Il entend leurs cils noirs battant sous les silences
Parfumés ; et leurs doigts électriques et doux
Font crépiter parmi ses grises indolences
Sous leurs ongles royaux la mort des petits poux.

Voilà que monte en lui le vin de la Paresse,
Soupir d'harmonica qui pourrait délirer ;
L'enfant se sent, selon la lenteur des caresses,
Sourdre et mourir sans cesse un désir de pleurer.

LES PREMIÈRES COMMUNIONS

I

Vraiment, c'est bête, ces églises de villages
Où quinze laids marmots, encrassant les piliers,
Ecoutent, grasseyant les divins babillages,
Un noir grotesque dont fermentent les souliers.
Mais le soleil éveille, à travers les feuillages,
Les vieilles couleurs des vitraux ensoleillés,

La pierre sent toujoars la terre maternelle,
Vous verrez des monceaux de ces cailloux terreux
Dans la campagne en rut qui frémit, solennelle,
Portant, près des blés lourds, dans les sentiers séreux,
Ces arbrisseaux brûlés où bleuit la prunelle,
Des nœuds de mûriers noirs ou de rosiers furieux.

Tous les cent ans, on rend ces granges respectables
Par un badigeon d'eau bleue et de lait caillé.
Si des mysticités grotesques sont notables
Près de la Notre-Dame ou du saint empaillé,
Des mouches sentant bon l'auberge et les étables
Se gorgent de cire au plancher ensoleillé.

L'enfant se doit surtout à la maison, famille
Des soins naïfs, des bons travaux abrutissants.
Ils sortent, oubliant que la peau leur fourmille
Où le Prêtre du Christ a mis ses doigts puissants.
On paie au Prêtre un toit ombré d'une charmille
Pour qu'il laisse au soléil tous ces fronts bruissants.

Le premier habit noir, le plus beau jour de tartes
Sous le Napoléon ou le Petit Tambour,
Quelque enluminure où les Josephs et les Marthes
Tirent la langue avec un excessif amour
Et qui joindront aux jours de science deux cartes,
Ces deux seuls souvenirs lui restent du grand jour.

Les filles vont toujours à l'église, contentes
De s'entendre appeler garces par les petits garçons
Qui font du genre, après messe et vêpres chantantes,

Eux, qui sont destinés au chic des garnisons,
Ils narguent au café les maisons importantes,
Blousés neuf et gueulant d'effroyables chansons.

Cependant le curé choisit, pour les enfances,
Des dessins ; dans son clos, les vêpres dites, quand
L'air s'emplit du lointain nasillement des danses,
Il se sent, en dépit des célestes défenses,
Les doigts de pied ravis et le mollet marquant...
— La nuit vient, noir pirate au ciel noir débarquant.

II

Le prêtre a distingué, parmi les catéchistes
Congrégés des faubourgs ou des riches quartiers,
Cette petite fille inconnue, aux yeux tristes,
Front jaune. Ses parents semblent de doux portiers.
Au grand jour, la marquant parmi les catéchistes,
Dieu fera, sur son front, neiger ses bénitiers.

La veille du grand jour, l'enfant se fait malade
Mieux qu'à l'église haute aux funèbres rumeurs.
D'abord le frisson vient, le lit n'étant pas fade,
Un frisson surhumain qui retourne : Je meurs...

Et, comme un vol d'amour fait à ses sœurs stupides.
Elle compte, abattue et les mains sur son cœur,
Ses Anges, ses Jésus et ses Vierges nitides,
Et, calmement, son âme a bu tout son vainqueur.

Adonaï !... Dans les terminaisons latines
Des cieux moirés de vert baignent les Fronts vermeils
Et, tachés du sang pur des célestes poitrines,
De grands linges neigeux tombent sur les soleils.

Pour ses virginités présentes et futures
Elle mord aux fraîcheurs de ta Rémission ;
Mais plus que les lys d'eau, plus que les confitures
Tes pardons sont glacés, ô Reine de Sion.

III

Puis la Vierge n'est plus que la Vierge du livre ;
Les mystiques élans se cassent quelquefois,
Et vient la pauvreté des images que cuivre
L'ennui, l'enluminure atroce et les vieux bois.

Des curiosités vaguement impudiques
Epouvantent le rêve aux chastes bleuités
Qui sont surpris autour des célestes tuniques
Du linge dont Jésus voile ses nudités.

Elle veut, elle veut pourtant, l'âme en détresse,
Le front dans l'oreiller creusé par les cris sourds,
Prolonger les éclairs suprêmes de tendresse
Et bave... — L'ombre emplit les maisons et les cours,

Et l'enfant ne peut plus. Elle s'agite et cambre
Les reins, et d'une main ouvre le rideau bleu
Pour amener un peu la fraîcheur de la chambre
Sous le drap, vers son ventre et sa poitrine en feu.

IV

A son réveil, — minuit, — la fenêtre était blanche
Devant le soleil bleu des rideaux illunés ;
La vision la prit des langueurs du Dimanche,
Elle avait rêvé rouge. Elle saigna du nez,

Et se sentant bien chaste et pleine de faiblesse,
Pour savourer en Dieu son amour revenant,
Elle eut soif de la nuit où s'exalte et s'abaisse
Le cœur, sous l'œil des cieux doux, en les devinant ;

De la nuit, Vierge-Mère impalpable qui baigne
Tous les jeunes émois de ses silences gris ;
Elle eut soif de la nuit forte où le cœur qui saigne
Ecoute sans témoin sa révolte sans cris.

Et, faisant la victime et la petite épouse,
Son étoile la vit, une chandelle aux doigts,
Descendre dans la cour où séchait une blouse,
Spectre blanc, et lever les spectres noirs des toits.

V

Elle passa sa nuit Sainte dans les latrines.
Vers la chandelle, aux trous du toit, coulait l'air blanc
Et quelque vigne folle aux noirceurs purpurines
En deçà d'une cour voisine s'écroulant.

La lucarne faisait un cœur de lueur vive
Dans la cour où les cieux bas plaquaient d'ors vermeils
Les vitres ; les pavés puant l'eau de lessive
Souffraient l'ombre des toits bordés de noirs sommeils.

VI

Qui dira ces langueurs et ces pitiés immondes
Et ce qui lui viendra de haine, ô sales fous,
Dont le travail divin déforme encor les mondes
Quand la lèpre, à la fin, rongera ce corps doux,

Et quand, ayant rentré tous ces nœuds d'hystéries,
Elle verra, sous les tristesses du bonheur,
L'amant rêver au blanc million de Maries
Au matin de la nuit d'amour, avec douleur !

VII

Sais-tu que je t'ai fait mourir ? J'ai pris ta bouche,
Ton cœur, tout ce qu'on a, tout ce que vous avez,
Et moi je suis malade. Oh ! je veux qu'on me couche
Parmi les Morts des eaux nocturnes abreuvés !

J'étais bien jeune, et Christ a souillé mes haleines,
Il me bonda jusqu'à la gorge de dégoûts ;
Tu baisais mes cheveux profonds comme des laines,
Et je me laissais faire !... Oh ! va... c'est bon pour vous,

Hommes ! qui songez peu que la plus amoureuse
Est, dans sa conscience, aux ignobles terreurs
La plus prostituée et la plus douloureuse
Et que tous nos élans vers vous sont des erreurs.

Car ma communion première est bien passée !
Tes baisers, je ne puis jamais les avoir bus.
Et mon cœur et ma chair par ta chair embrassée
Fourmillent du baiser putride de Jésus...

VIII

Alors l'âme pourrie et l'âme désolée
Sentiront ruisseler tes malédictions.
— Ils avaient couché sur ta haine inviolée
Echappés, pour la mort, des justes passions.

Christ, ô Christ, éternel voleur des énergies,
Dieu qui, pour deux mille ans, vouas, à ta pâleur,
Cloués au sol, de honte et de céphalagies,
Ou renversés, les fronts des Femmes de douleur.

Juillet 1871.

TÊTE DE FAUNE

Dans la feuillée, écrin vert taché d'or,
Dans la feuillée incertaine et fleurie,
D'énormes fleurs où l'âcre baiser dort,
Vif et devant l'exquise broderie,

Le Faune affolé montre ses grands yeux
Et mord la fleur rouge avec ses dents blanches
Brunie et sanglante ainsi qu'un vin vieux,
Sa lèvre éclate en rires par les branches ;

Et quand il a fui, tel un écureuil,
Son rire perle encore à chaque feuille
Et l'on croit épeuré par un bouvreuil
Le baiser d'or du bois qui se recueille.

PARIS SE REPEUPLE

O lâches, la voilà ! dégorgez dans les gares !
Le soleil expia de ses poumons ardents
Les boulevards qu'un soir comblèrent les Barbares
Voilà la Cité sainte assise à l'occident !

Allez ! on préviendra les reflux d'incendie,
Voilà les quais ! voilà les boulevards ! voilà
Sur les maisons, l'azur léger qui s'irradie,
Et qu'un soir la rougeur des bombes ébranla.

Cachez les palais morts dans des niches de planches !
L'ancien jour effaré rafraîchit vos regards,
Voici le troupeau roux des tordeuses de hanches,
Soyez fous, vous serez drôles, étant hagards !

RELIQUAIRE

Tas de chiennes en rut mangeant des cataplasmes,
Le cri des maisons d'or vous réclame, volez !
Mangez ! voici la nuit de joie aux profonds spasmes
Qui descend dans la rue. O buveurs désolés,

Buvez, lorsque la nuit arrive intense et folle
Fouillant à vos côtés les luxes ruisselants,
Vous n'allez pas baver, sans geste et sans paroles,
Dans vos verres, les yeux perdus aux lointains blancs,

Ouvrez votre narine aux superbes nausées !
Trempez de poisons forts les cordes de vos cous !
Sur vos nuques d'enfant, baissant ses mains croisées
Le Poète vous dit « ô lâches soyez fous ».

Avalez pour la reine aux fesses cascadantes !
Ecoutez l'action des stupides hoquets
Déchirants, écoutez, santés aux nuits ardentes !
Les idiots râleurs, vieillards, pantins, laquais

Parce que vous fouillez le ventre de la femme
Vous craignez d'elle encore une convulsion
Qui crie, asphyxiant votre nichée infâme
Sur sa poitrine en une horrible pression.

Syphilitiques, fous, rois, pantins, ventriloques,
Qu'est-ce que ça peut faire à la putain Paris,
Vos âmes et vos corps, vos poisons et vos loques ?
Elle se secouera de vous, hargneux pourris !

Et quand vous serez bas, geignant sur vos entrailles
Réclamant votre argent, les flancs morts, éperdus,
La rouge courtisane aux seins gros de batailles,
Loin de votre stupeur tordra ses poings ardus.

Quand tes pieds ont dansé si fort dans les colères,
Paris ! quand tu reçus tant de coups de couteau,
Quand tu gis, retenant dans tes prunelles claires,
Un peu de la bonté du fauve renouveau,

O cité douloureuse, ô cité quasi-morte,
La tête et les deux seins jetés vers l'Avenir
Ouvrant sur ta pâleur des milliards de portes,
Cité que le Passé sombre pourrait bénir !

Corps remagnétisé pour les énormes peines,
Tu revois donc la vie effroyable, tu sens
Sourdre le flux des vers livides en tes veines
Et sur ton clair amour rôder les doigts glaçants !

Et ce n'est pas mauvais, les vers ; les vers livides
Ne gèneront pas plus ton souffle de Progrès
Que les Stryx n'éteignaient l'œil des Cariatides
Où des pleurs d'or astral tombaient des hauts degrés.

Quoique ce soit affreux de te revoir couverte
Ainsi ; quoiqu'on n'ait fait jamais d'une cité
Ulcère plus puant à la Nature verte,
Le poète te dit « Splendide est ta Beauté ! ».

L'orage t'a sacrée suprême poésie ;
L'immense remuement des forces te secourt ;
Ton œuvre bout, la mer gronde, Cité choisie,
Amasse les strideurs au cœur du clairon sourd.

Le Poète prendra le sanglot des infâmes,
La Haine des forçats, la clameur des maudits
Et ses rayons d'amour flagelleront les femmes,
Ses strophes bondiront, voilà ! voilà ! bandits !

Société, tout est rétabli, les orgies
Pleurent leur ancien râle aux anciens lupanars
Et les gaz en délire aux murailles rougies
Flambent sinistrement vers les azurs blafards !

Mai 1871.

POISON PERDU

Des nuits du blond et de la brune
Pas un souvenir n'est resté
Pas une dentelle d'été,
Pas une cravate commune ;

Et sur le balcon où le thé
Se prend aux heures de la lune
Il n'est resté de trace, aucune,
Pas un souvenir n'est resté.

Seule au coin d'un rideau piquée,
Brille une épingle à tête d'or
Comme un gros insecte qui dort.

Pointe d'un fin poison trempée,
Je te prends, sois-moi préparée
Aux heures des désirs de mort.

LES CORBEAUX

Seigneur, quand froide est la prairie,
Quand dans les hameaux abattus,
Les longs angelus se sont tus...
Sur la nature défleurie,
Faites s'abattre des grands cieux
Les chers corbeaux délicieux.

Armée étrange aux cris sévères,
Les vents froids attaquent vos nids !
Vous, le long des fleuves jaunis,
Sur les routes aux vieux calvaires,
Sur les fossés et sur les trous,
Dispersez-vous, ralliez-vous !

Par milliers, sur les champs de France;
Où dorment les morts d'avant-hier,
Tournoyez, n'est-ce pas, l'hiver,
Pour que chaque passant repense !
Sois donc le crieur du devoir,
O notre funèbre oiseau noir !

Mais, saints du ciel, en haut du chêne,
Mât perdu dans le soir charmé,
Laissez les fauvettes de mai
Pour ceux qu'au fond du bois enchaîne,
Dans l'herbe d'où l'on ne peut fuir,
La défaite sans avenir.

Le Limaçon

L'Insénescence de l'humide argent, accule
La Glauque vision des possibilités
Où s'insurgent par telles prases abrités
Les frissons verts de la benoîte Renoncule.

Morsure extasiant l'injurieux calcul,
Voici l'or impollu des corolles athées
Choir sans trêve ! Néant des sphynges Galathées
Et vers les Nirvanas, ô Lyre, ton recul !

La mort... vainqueur... et redoutable :
Aux toxiques banquets où Claudius s'attable
Un bolet nage en la Saumure des bassins.

Mais, tandis que l'abject amphyction expire,
Eclôt, nouvel orgueil de votre pourpre, ô Saints !
Le Lys ophélial orchestré pour Shakespeare.

1872,

DOCTRINE

...L'Idéal éclaté comme une pêche blette...

Atteste l'inane d'Œuvrer !
Dis — en l'amer et le stupide :
Cueille ta bouche, Aganippide !
Et la jette à l'Oubli sacré.

Sois le mouton qui tond le pré
D'une langue toujours avide.
(Un char-à-bancs revient à vide
De la ducasse de Longpré.)

Bâfre des viandes, bois des vins,
Vide les mystiques levains...
Une tayole tord ses loques

Au torse abrupt des portefaix.
— Le bonnet d'Alberte se moque
De la grimace que je fais.

1872

LES CORNUES

...Au long des tablettes, les petites
Cornues de grès blanc, blanches com-
me les plus blancs corps de femmes...

L'abdomen prépotent des bénignes Cornues
Se ballonne tel un Ventre de femme enceinte.
Es-dressoirs, elles ont comme des airs de sainte
Procession vers quel Bondieu ? de plages nues.

Et leur Idole, à ces point du tout ingénues
Pébreines, c'est Tes Gloires jamais atteintes,
O la science ! Phare inaccessible............
. . . .

Mais c'est dans l'âpre Etna de vos nuits, ô Cornues !
Que mûrit le fœtus des Demains triomphants !...
— O Vulve ! de Leur bec tel des Sexes d'enfants

Et volute du Flanc telles les lignes nues
Du pur Torse de l'Eve aux rigidités lisses :
S de Leur col fluet comme de joyeuses Cuisses !

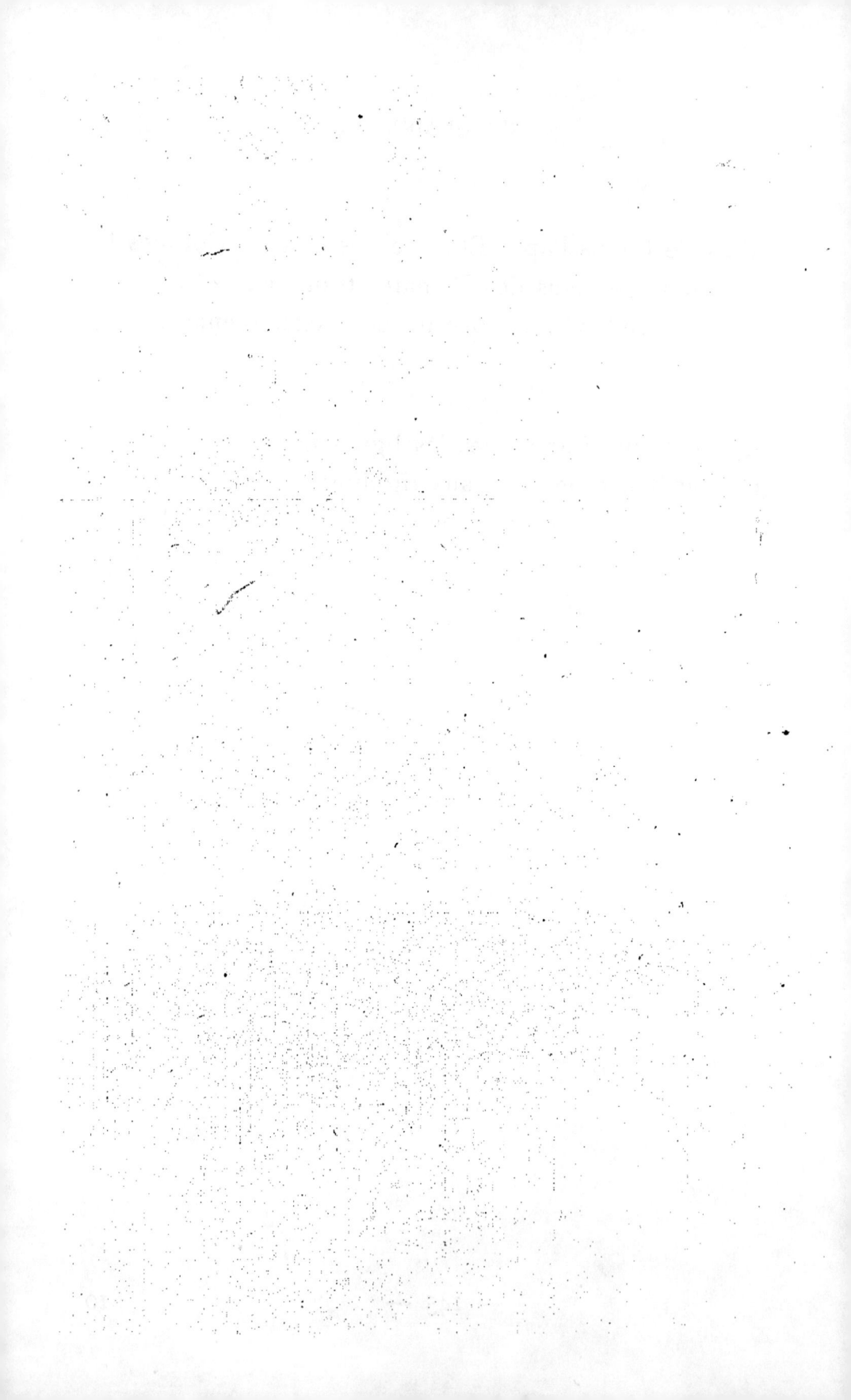

NOTES

Entends comme brame. Poème sans titre, non daté, non signé, écrit sur une feuille de papier à lettre.

Les pièces suivantes : *Chant de guerre parisien*, *Mes petites amoureuses*, *Accroupissements*, *les Poètes de sept ans*, *les Pauvres à l'église* et le *Cœur du Pître*, étaient contenues dans deux lettres datées du 15 mai et du 10 juin 1871, adressées à un ami. Chacune des lettres contenait trois pièces.

Du *Cœur du Pître*, il a été publié deux strophes sous le titre de *Le Cœur volé*.

Poison perdu. Publié dans *La Cravache* du 27 octobre 1888 et certifié authenthique par la lettre suivante, parue dans le numéro du 3 novembre 1888 du même journal :

Paris, 1er novembre 1888.

Mon cher Monsieur Christophe

Dans le dernier numéro de la Cravache *vous avez publié un sonnet d'Arthur Rimbaud, signalé par Vittorio Pica. J'atteste l'authenticité de ces vers, faits sur le tard, de même que celle de ceux imprimés en l'* « Anthologie » *de Lemerre, œuvres de jeunesse.*

Quant aux choses du « Décadent », que son directeur, namely Anatole Baju, prétend tenir, à travers quelles mains ?, de Rimbaud, je maintiens mon démenti.

Le jeune M. Duplessys me contredira-t-il ?

Tout votre,

PAUL VERLAINE.

La Saison en Enfer. Plaquette publiée en 1873 à Bruxelles (Alliance typographique, Poot et Cⁱᵉ, 37, rue aux Choux).

Cette plaquette contient les deux pièces suivantes : *Chanson de la plus haute tour* et *Eternité*, reproduites, très modifiées, dans les « Illuminations ».

Chanson de la plus haute tour. Dans la « Saison en Enfer », après ce distique :

> Qu'il viennne, qu'il vienne
> Le temps dont on s'éprenne,

se trouve la quatrième strophe : « J'ai tant fait patience » ; le distique précédent est répété et suivi de la cinquième strophe, avec cette seule variante du premier mot : « *Telle* la prairie ». Le même distique termine le poème. Les quatorze derniers vers des « Illuminations » diffèrent, ainsi qu'il suit, de ceux de la « Saison en Enfer » :

ILLUMINATIONS	SAISON EN ENFER
O saisons, ô châteaux Quelle âme est sans défauts ?	O saisons, ô châteaux Quelle âme est sans défauts?
O saisons, ô châteaux ! J'ai fait la magique étude Du bonheur, que nul n'élude.	J'ai fait la magique étude Du bonheur, qu'aucun n'élude.
O vive lui, chaque fois Que chante le coq gaulois.	Salut à lui, chaque fois Que chante le coq gaulois.
Maïs je n'aurais plus d'envie Il s'est chargé de ma vie.	Ah! je n'aurai plus d'envie Il s'est chargé de ma vie.
Ce charme! il prit âme et corps, Et dispersa tous efforts.	Ce charme a pris âme et corps Et dispersé les efforts.
Que comprendre à ma parole ? Il fait qu'elle fuit et vole !	O saisons, ô châteaux ! L'heure de sa fuite, hélas ! Sera l'heure du trépas.
O saisons, ô châteaux !	O saisons, ô châteaux !

Eternité n'a pas de titre dans la « Saison en Enfer ». En voici les variantes :

ILLUMINATIONS	SAISON EN ENFER
Elle est retrouvée.	Elle est retrouvée.
Quoi ? L'éternité.	Quoi ? L'éternité.
C'est la mer alliée	C'est la mer mêlée
Avec le soleil.	Au soleil.
Ame sentinelle,	Mon âme éternelle
Murmurons l'aveu	Observe ton vœu
De la nuit si nulle	Malgré la nuit seule
Et du jour en feu.	Et le jour en feu.
Des humains suffrages,	Donc tu te dégages,
Des communs élans,	Des communs élans
Donc tu te dégages :	Des humains suffrages ;
Tu voles selon...	Tu voles selon...
Jamais l'espérance ;	Jamais l'espérance :
Pas d'*orietur*	Pas d'*orietur*
Science avec patience...	Science avec patience...
Le supplice est sûr.	Le supplice est sûr.
De votre ardeur seule,	Plus de lendemain,
Braises de satin,	Braises de satin,
Le devoir s'exhale	Votre ardeur
Sans qu'on dise : enfin.	Est le devoir.
Elle est retrouvée.	Elle est retrouvée.
Quoi ? L'éternité.	Quoi ? L'éternité.
C'est la mer alliée	C'est la mer mêlée
Avec le soleil.	Au soleil.

Loin des oiseaux des troupeaux, des villageois,
Je buvais à genoux dans quelque bruyère (1)
Entourée de tendres bois de noisetiers,
Par un brouillard d'après-midi tiède et vert. (2)

---

(1) Que buvais-je, à genoux, dans cette bruyère
(2) Dans un brouillard d'après-midi tiède et vert.

Que pouvais-je boire dans cette jeune Oise,
Ormeaux sans voix, gazon sans fleurs, ciel couvert,
Boire à ces gourdes vertes, loin de ma case (1)
Claire, quelque liqueur d or qui fait suer ? (2)

Effet mauvais pour une enseigne d'auberge. (3)
Puis l'orage changea le ciel jusqu'au soir :
Ce furent des pays noirs, des perches,
Des colonnades sous la nuit bleue, des gares,

L'eau des bois se perdait sur les sables vierges,
Le vent de Dieu jetait des glaçons aux mares,
Et, tel qu'un pêcheur d'or et de coquillages,
Dire que je n'ai pas eu souci de boire !

(1) Boire à ces gourdes jaunes, loin de ma case
(2) Chérie ? Quelque liqueur d'or qui fait suer ?
(3) Je faisais une louche enseigne d'auberge.
    — Un orage vint chasser le ciel. Au soir
    L'eau des bois se perdait sur les sables vierges.
    Le vent de Dieu jetait des glaçons aux mares ;
    Pleurant, je voyais de l'or — et ne pas boire.

Ainsi se termine le poème de la *Saison en Enfer*.

TABLE DES MATIÈRES

RELIQUAIRE